BIOGARTEN IM HANDUMDREHEN

Dorothée Waechter

Biogarten im Handumdrehen

50 einfache Projekte für naturnahe Gärten

Jan Thorbecke Verlag

VERLAGSGRUPPE PATMOS

PATMOS
ESCHBACH
GRÜNEWALD
THORBECKE
SCHWABEN

Die Verlagsgruppe
mit Sinn für das Leben

Für die Schwabenverlag AG ist Nachhaltigkeit ein
wichtiger Maßstab ihres Handelns. Wir achten daher
auf den Einsatz umweltschonender Ressourcen und
Materialien.

Gestaltung: Finken & Bumiller, Stuttgart
Fotos: S. 21 unten: mauritius images/imageBROKER/
Christian Hütter; alle übrigen Fotos: Martin Staffler,
Stuttgart
Druck: Firmengruppe APPL, Wemding
Hergestellt in Deutschland
ISBN 978-3-7995-1038-7 (Print)
ISBN 978-3-7995-1041-7 (eBook)

Inhalt

Einleitung

Wer seinen Garten gestaltet und pflegt, setzt sich mit seinen Wünschen auseinander. Welche Elemente soll der Garten haben? Was will man verändern? Welche Lieblingsblumen möchte man pflanzen? Wo können die Kinder spielen? Diese und viele weitere Fragen bestimmen bereits die Planungsphase. Zugleich heißt Gartenplanung und Gärtnern auch, dass man sich mit der Natur, ihren Kreisläufen und ihren Lebensbereichen beschäftigt. Ein naturnaher Garten und eine umweltfreundliche Bewirtschaftung sind Ziele, die man ebenfalls gerne umsetzen möchte. Diese Zusammenhänge lernt man nicht mal eben nebenher, sondern es ist ein Prozess, der in der Regel einige Jahre Zeit braucht. Gerade wenn man anfängt, ist es schwierig, alle Wünsche, Anforderungen und Ziele unter einen Hut zu bekommen: Der Garten soll schnell etwas her machen, er soll pflegeleicht sein, er soll Naturschule für Kinder sein, die Pflanzen sollen gesund wachsen, der Garten soll ordentlich aussehen. Und nicht zu vergessen: der Wunsch, möglichst ohne belastende Pflanzenschutzmittel, Kunstdünger und einen großen Motorpark auszukommen. Das Ziel, auf Anhieb alles richtig zu machen, ist ein hoher Anspruch, der schwer zu erreichen ist und damit viel Unzufriedenheit schafft. Und es darf nie vergessen werden: Der Garten und das Gärtnern sind Hobbys, die Spaß machen sollen. Daher ist ein guter Ansatz der folgende: Sie machen einige kleine, richtige Schritte in Richtung „Naturgarten" und erweitern das Spektrum der Ideen immer weiter. So wird ein Gewinn daraus, Sie sehen Erfolge und erkennen, was für eine Freude es ist, wenn sich im Garten buntes Treiben einstellt.

Die ersten 50 Ideen für ein naturnahes Gärtnern finden Sie in diesem Buch. Die Tipps sind aufgeteilt in vier Kapitel. Im ersten Abschnitt geht es um die Planung.

Was kann man tun, damit der Garten von seiner Planung her naturnah ist? Wie kann man berücksichtigen, dass der Garten vielen Vögeln, Insekten und anderen Lebewesen einen abwechslungsreichen Lebensraum bietet? Im zweiten Kapitel geht es um die Frage der Pflanzenauswahl. Was kann man dabei berücksichtigen, um tatsächlich einen Garten mit vielen Blumen zu haben, die vom Frühling bis in den Herbst farbenfroh die Beete schmücken? Zugleich lernen Sie die Pflanzen kennen, die für die Gartenbewohner attraktiv sind und Vielfalt ins Spiel bringen. Will man naturnah gärtnern, so gibt es Einiges, was dazu beiträgt, die Lebensräume zu schützen und zu fördern. Die gärtnerischen Handgriffe sollen geschickt in die natürlichen Kreisläufe eingreifen, aber nicht gegen die Natur gerichtet sein, was im dritten Kapitel thematisiert wird. Im vierten und letzten Kapitel geht es vor allem um die Tierwelt und die Frage, wie man Vögel, Insekten und viele andere Gartenbewohner in das Gartenreich locken kann. Nester, Futterstellen, Winterquartiere und Schlafplätze machen den Garten als Lebensraum attraktiv. Die Auseinandersetzung mit den 50 Tipps oder zumindest mit einem Teil davon, macht sie achtsamer für die Beziehungen, die in einem Garten vorhanden sind. Sie erlernen mit jedem Aspekt Fingerspitzengefühl, wie man einen blühenden und sehr lebendigen Garten schafft. Sie werden vielleicht auch ihren Blick für Schönheit verändern. Im Laufe der Zeit entdecken Sie, dass die Qualität des Gärtnerns nicht an dem offenen,

frisch geharkten Gartenboden oder einem Rasen mit sauber abgestochenen Kanten zu erkennen ist, sondern dass ein dichter Bewuchs natürlich aussieht und für das Erdreich viel besser ist. Ebenso entdecken Sie, dass Wildrosen bezaubernd sein können und eine Laube, die von Kletterpflanzen umrankt ist, sehr romantisch wirken kann.

In Pompeji war ein Garten erst dann perfekt, wenn er von den Vögeln als Lebensraum angenommen worden war. So zeigen die Darstellungen von Gärten aus der damaligen Zeit immer eine Vielzahl von Vögeln, die in den Bäumen leben und im Wasser der Brunnen und Quellen baden. Nehmen Sie sich diese Ideen zum Vorbild, aber seien Sie sich gewiss, dass alles seine Zeit braucht.

Ich wünsche Ihnen beim Lesen und Ideen entwickeln für den eigenen Garten ebenso viel Freude wie bei der Umsetzung. Vergessen Sie nicht, dass viele der Projekte wunderbar mit Kindern zu realisieren sind. Sie werden viel Spaß haben und die Augen aufhalten, um die Besiedlung des Gartens mit Singvögeln und Schmetterlingen Tag für Tag gemeinsam zu beobachten. Es ist ein wahres Glücksgefühl, wenn man sieht, wie die Vögel die letzten Johannisbeeren von den Rispen pflücken und wie der Igel an einem lauen Sommerabend durch den Garten schnuffelt, um ein paar Schnecken zu vertilgen.

**Ihre
Dorothée Waechter**

1

Gestalten mit Lebensräumen

Einige Akzente für einen naturnahen Garten können bereits bei der Anlage oder Umgestaltung gelegt werden. Eine sorgsame Auswahl der Materialien ist ebenso wichtig wie die Art und Weise, bestimmte Elemente der Gestaltung tatsächlich umzusetzen.

Ganz schön (durch-)lässig, der Bodenbelag

Wege und Sitzplätze unterscheiden sich durch ihre Befestigung von den anderen Bereichen des Gartens. Eine Struktur mit Platten oder Steinen wirkt auf den ersten Blick praktisch, weil man die Fläche leicht sauber halten kann und auch keinen Schmutz mit in die Wohnung trägt. Doch solche Flächen haben eine unnatürliche Ausstrahlung, insbesondere wenn man aus Kostengründen zu einem Kunststein oder einem nicht natürlich in der Region vorkommenden Gestein greift. Über die Arbeitsbedingungen in den Ländern des Abbaus und die immensen Kostenanteile für den Transport aus anderen Kontinenten macht man sich keine Gedanken. Die kostengünstige und auch charmant wirk-ende Alternative sind hierbei nicht feste Bodenbeläge, wie beispielsweise Splitt, Kies oder auch Rindenmulch. Wer nun vorschnell nach den Nachteilen dieser Gestaltung im Bereich der Pflege sucht, sollte nicht übersehen, dass geschlossene Plattenbeläge ebenfalls abgefegt und frei von Moos und Algen gehalten werden sollten. Und Fugen, die man sauber halten muss, gibt es bei einer wassergebundenen Decke ebenfalls nicht. Dafür sieht es romantisch aus, wenn die Kiesfläche für den Sitzplatz ganz allmählich in die mit Stauden und Zwiebelblumen bewachsenen Beete übergeht und sich ab und an mal ein Storchschnabel, eine Spornblume oder eine Wildtulpe an den Sitzplatz verirrt.

1 Flächen und Wege ordnen sich von der Form her ganz organisch in die Situation ein, weil man problemlos unregelmäßige Kantenverläufe, Kurven und Schwünge gestalten kann. Mit einem Kantenstein wird die Fläche seitlich abgegrenzt. Dieser kann in Mörtel gesetzt werden, damit die Ränder festen Halt haben.

2 Für den fachgerechten Unterbau muss die Fläche zunächst gut 20 cm tief ausgekoffert werden. Anschließend wird eine Schicht aus Kies, gefolgt von Sand eingefüllt und verdichtet. So wird dafür gesorgt, dass die Fläche gut entwässert und man verhindert, dass sich allzuschnell unerwünschter Bewuchs auf der Fläche ausbreitet.

3 Als Abschluss wird das gewählte Material des Bodenbelags eingefüllt und ebenfalls verdichtet.

Will man direkt Blütenstauden oder Gräser ansiedeln, so setzt man diese als Jungpflanzen mit dem relativ kleinen Erdballen in die Fläche ein.

Die Kunst der offenen Fuge

Die Fläche zwischen zwei Steinen ist vielen Gärtnerinnen und Gärtnern ein Dorn im Auge, weil sie eine der attraktivsten Flächen für Wildkräuter ist. Löwenzahn und Springkraut, Wegerich und Klee begrüßen Fugen, setzen sich hinein und gedeihen. Nun mag es sein, dass man genau diese Pflanzen nicht mag, weil es ausgewiesene Unkräuter sind, aber das Prinzip hat etwas. Wenn das Spanische Gänseblümchen (*Erigeron karvinskianus*), Leinkraut (*Linaria*) und andere genügsame Blütenschönheiten hier wachsen, dann sieht die Sache schon anders aus. Auf jeden Fall besteht kein Grund, die Fugen zu versiegeln und so zu verhindern, dass Regenwasser durch die Ritzen ablaufen kann. Gleichzeitig sind diese Fugen, die nur mit Sand nach dem Verlegen eingefüllt sind, wichtige Lebensräume für allerlei Insekten und Käfer, die sich hier zurückziehen, vermehren und so für Vielfalt sorgen. Daher macht es Sinn, dass man Fugen als solche anlegt und sie frühzeitig mit Mauerpfeffer (*Sedum acre*), Polsterthymian (*Thymus serphyllum*) und anderen Steingartenpflanzen gestaltet. Gerade die Randbereiche einer befestigten Fläche werden sich rasch in eine bunte Pflanzenwelt verwandeln, die an das Hochgebirge im Sommer erinnert. In der Regel sind sie strapazierfähig und trittfest. Im Herbst schneidet man alles zurück, gegebenenfalls auch mit Hilfe eines Freischneiders, und im nächsten Jahr entfaltet sich die Pracht von Neuem, vielleicht sogar mit einer kleinen Variation der Standorte. Sorge, die Fläche könnte unter dem Bewuchs an Stabilität verlieren oder die Steine könnten leiden, muss man nicht haben.

1. Lassen Sie gezielt in den Randbereichen die Fugen um wenige Millimeter breiter werden, damit hier die Möglichkeit besteht, Pflanzen anzusiedeln.

2. Idealer Zeitpunkt der Bepflanzung ist das zeitige Frühjahr.

3. Man kauft geeignete Pflanzen, die im Steingarten gedeihen, in einer Staudengärtnerei ein.

4. Sie werden ausgetopft und das Erdreich abgeschüttelt, bis nur noch Wurzeln locker an der Pflanze hängen. Bei Polsterpflanzen, wie Thymian und Polsterphlox, zupft man mit den Fingern kleine Pflanzenteile mit Wurzel aus der großen Pflanze. Die Wurzeln werden auf etwa fünf Zentimeter eingekürzt.

5. Nun nimmt man ein Pikierholz und bohrt in die Fuge ein Loch, das so tief ist, dass die Wurzeln locker nach unten hängen. Seitlich schiebt man nun wieder etwas Sand nach und gießt die Fuge an.

Polsterthymian setzt sich selbst in
kleine Fugen (Bild oben). Im
Schatten fühlen sich gelb blühender
Lerchensporn, Bergenien und Farne
wohl (Bild rechts).

TIPP!

Will man Spanische Gänseblümchen ansiedeln, reicht es im Grunde
aus, dass man zwei, drei Töpfe mit den Pflanzen auf die Fläche stellt. Sie
versamen sich ganz schnell von selbst. Man kann auch von verblühten
Pflanzen die Samen direkt in die Fugen streuen.

Die Hecke – ein Lebensraum

Der Garten und die Hecke sind eigentlich unzertrennlich. Einzig und allein die geringen Grundstücksgrößen, die mittlerweile in Neubaugebieten weit verbreitet sind, haben den Hecken ihre Popularität genommen. Dabei beschreiben Hecken nicht nur die Grundstücksgrenzen eines Gartens, sondern sie bilden auch innerhalb des Gartens die Gartenräume. Will man beispielsweise den Gemüsegarten abtrennen vom Ziergarten oder den Kompostplatz ein bisschen verstecken, dann ist eine Hecke sehr hilfreich. Dem Garten verleihen Hecken Schutz, und zwar im Hinblick auf Einsicht, Lärm und Wind. Es entsteht ein Raum, in dem sich die Wärme besser hält und in dem man ungestört verweilen kann. Gleichzeitig ist eine Hecke ein ganz wichtiger Lebensraum für die Fauna des Gartens. Hier werden Nester gebaut und Junge aufgezogen, hier können sich die Gartenbewohner vor Räubern schützen und im Winter Schutz suchen. Von diesem Leben profitiert der Garten: Wenn sich Zaunkönig, Meisen und andere Tiere wohl fühlen, kommen sie auch in den Garten, um dort Insekten abzusammeln und so biologischen Pflanzenschutz zu betreiben. Die ungeschnittene Hecke ist dabei etwas Besonderes, weil sie aus verschiedenen Wildgehölzen aufgebaut wird und sich jeder Strauch in seiner vollen Pracht entfaltet. Einen Eingriff von Gärtnerin und Gärtner gibt es hier nur alle zehn Jahre mal, wenn die Pflanzen auf den Stock gesetzt werden und

so vital gehalten werden. Ganz wichtig ist es, auch den Fuß von Hecken zu schützen. Hier kann man Häckselgut und Mulch verteilen, sollte aber immer darauf achten, dass es einige Singvögel gibt, die Bodenbrüter sind und daher am liebsten im Schutz von dichten Zweigen ihre Nester bauen. Hier sind Gehölze mit Dornen wie Wildrosen (*Rosa*), Berberitzen (*Berberis*) und Schlehen (*Prunus spinosa*) hilfreich, weil sie es Nesträubern schwer machen, an die Gelege zu kommen. Auch ein Wildblumensaum hilft, den Fuß der Hecke besonders lauschig und verschwiegen zu gestalten.

1 Zunächst muss man für die Anlage einer Hecke den Standort bestimmen und die Situation (Sonne, Bodenqualität) überprüfen, um passende Gehölze auszuwählen. Zur Pflanzung sind der späte (noch frostfreie) Herbst oder das zeitige Frühjahr zu empfehlen. Wildwuchs sollte samt Wurzel gründlich entfernt werden.

2 Bei einer Wildhecke macht man einzelne Pflanzlöcher, weil in der Regel die optimalen Pflanzabstände bei etwa 1 bis 1,5 Metern liegen, damit sich die Sträucher gut entfalten können. Auf jeden Fall stimmt man die jeweiligen Pflanzabstände auf die jeweiligen Sträucher ab. Ein

breitwüchsiges Gehölz braucht mehr Abstand als ein Stammbildner wie der Holunder (*Sambucus*) oder die Vogelbeere (*Sorbus*).

3 Hat man ausreichend Platz und will eine sehr dichte Hecke haben, so pflanzt man versetzt in die Lücken eine zweite Reihe.

4 Die Zwischenräume werden dick mit Mulch abgedeckt. Im Frühling kann man auch einige Gründüngungspflanzen (s. Seite 49) in die Lücken säen, um den Boden zu verbessern. Mischungen mit Borretsch, Sonnenblumen, Bienenfreund und Klee sind optimal.

5 In einem trockenen Frühjahr gießt man die Neuanpflanzung ab und an, so dass das Wasser gut nach unten in die tiefen Schichten sickern kann. Ansonsten braucht eine Wildhecke keine Bewässerung.

Arten für eine niedrige Hecke

Zwergfelsenbirne (*Amelanchier ovalis* ʻPumilaʼ)
Strauchkronwicke (*Coronilla emerus*)
Kopfginster (*Cytisus supinus*)
Färberginster (*Genister tinctoria*)
Zwergliguster (*Ligustrum vulgare* ʻLodenseʼ)
Essigrose (*Rosa gallica*)
Rosamarinweide (*Salix rosmarinifolia*)

Arten für eine niedrige Hecke im Schatten und Halbschatten

Seidelbast (*Daphne mezereum*)
Mannsblut (*Hypericum androsaemum*)
Zwergliguster (*Ligustrum vulgare* ʻCompactumʼ)
Alpenheckenkirsche (*Lonicera alpigena*)
Alpenjohannisbeere (*Ribes alpinum*)
Wilde Stachelbeere (*Ribes uva-crispa*)
Zimtrose (*Rosa majalis*)
Zwergschneeball (*Viburnum opulus* ʻCompactumʼ)

Arten für eine hohe Hecke

Gewöhnliche Berberitze (*Berberis vulgaris*)
Sommerflieder (*Buddleja davidii*)
Roter Hartriegel (*Cornus sanguinea*)
Haselnuss (*Corylus avelana*)
Europäisches Pfaffenhütchen (*Euonymus europaeus*)
Wildapfel (*Malus sylvestris*)
Vogelkirsche (*Prunus avium*)
Wildbirne (*Pyrus pyraster*)
Salweide (*Salix caprea*)
Schwarzer Holunder (*Sambucus nigra*)
Vogelbeere (*Sorbus aucuparia*)

Arten für eine Hecke mit Blüten- und Fruchtschmuck

Kanadische Felsenbirne (*Amelanchier lamarckii*)
Apfelbeere (*Aronia melanocarpa*)

Will man Gartenräume voneinander trennen, reicht meist eine halbhohe Hecke.

Gewöhnliche Berberitze (*Berberis vulgaris*)
Blasenstrauch (*Colutea arborescens*)
Kornelkirsche (*Cornus mas*)
Wilder Pfeifenstrauch (*Philadelphus coronarius*)
Frankfurter Rose (*Rosa gallica* 'Splendens')
Gewöhnliche Pimpernuss (*Staphylea pinnata*)

TIPP!
Sie wollen die Hecke als Sicht- und Lärmschutz? Es ist ratsam, zunächst einen Wall anzulegen, der anschließend mit einer bunten Mischung aus hohen Heckensträuchern und einem Wildblumensaum bepflanzt wird. Voraussetzung ist, dass das Grundstück ausreichend groß ist, denn selbst wenn man die Hecke nur einreihig pflanzt, benötigt man drei bis vier Meter Platz.

Natürlich spielen

Wenn die Kinder im Garten Platz zum Spielen haben, fühlen sie sich wohl, lernen von der Natur, und man hat einen gemeinsamen Lebensraum für die ganze Familie. Wie soll aber nun der Spielbereich aussehen? Ein Sandkasten, ein Multifunktionsgerät mit Rutsche, Schaukel und Klettergerüst? Sicher, so etwas ist TÜV geprüft und für sicher befunden. Aber im eigenen Garten lässt sich der Spielbereich auch anders gestalten. Ein Baumstamm, ein Findling, eine Baumwurzel, eine Kuhle mit Sand und Kies – das sind Elemente, welche die Fantasie anregen und mindestens so beliebt sind wie ein fertiges Spielgerät. Die Naturmaterialien fügen sich auch wunderbar ein, und eigentlich fehlt nur noch ein Baum, der mit seiner Krone nicht nur den wunderbar schützenden Schatten im Sommer schenkt, sondern der auch einen Ast für ein festes Seil zum Schaukeln und Klettern bereit hält. Sicherlich kann in so einem Spielparadies mit Förmchen und Schaufeln gearbeitet werden. Viel mehr wird die Fantasie aber durch Naturmaterialien angeregt. Auf Spaziergängen und Streifzügen durch den Garten werden Zapfen, Steine, Kastanien und Stöckchen gesammelt, die dem Spiel neue Anregungen geben. Ein solcher Abenteuerspielplatz ist pädagogisch wertvoll, denn schließlich finden die Jüngsten hier auch eine Bühne für Rollenspiele. Wenn Langeweile aufkommt, kann man die Kinder auch motivieren, mal ein eigenes Beet anzulegen oder dem Bereich mit einer Hecke aus Johannisbeersträuchern ein bisschen mehr Abgeschiedenheit zu verleihen.

1 Zunächst muss nach einem passenden Stammstück, Baumscheiben oder einer Wurzel gesucht werden. Vielleicht muss ein alter Baum auf dem Gelände gefällt werden oder man spricht mal mit dem Förster, ob man entsprechendes Holz bekommen kann. Natursteine bekommt man beim Steinhändler, wenn man sie nicht im Urlaub oder auf Wanderungen gemeinsam sammelt.

2 Ein liegender Stamm und ein großer Stein müssen sicher gelagert werden. Eine mit etwas Sand ausgefüllte Kuhle wird vorbereitet. So verhindert man gerade bei Baumstämmen, dass sie ins Rollen geraten. Auch eine Wurzel, die so groß ist, dass man darauf klettern kann, sollte zu einem Drittel in die Erde eingegraben werden.

3 Eine dicke Mulchschicht rund um Steine, Baumstamm oder Wurzel sollte als weiche Schicht ausgebreitet werden. Ideal ist Rindenmulch.

Sand und Naturmaterialien reichen aus,
um die Fantasie anzuregen.

Es ist sinnvoll, eine solche Spielecke gemeinsam mit den Kindern zu planen und
umzusetzen. Dann wird der Bereich gut
angenommen. Außerdem kann man immer
noch etwas ergänzen, um den Spielen neue
Anregungen zu geben.

Blätter als Schattenspender

Bei hohen Temperaturen ist es ein Genuss, wenn man einen Sitzplatz hat, der sich unter einem schützenden Blätterdach befindet. Das Klima ist viel angenehmer als unter einem Sonnenschirm oder unter einer Markise, weil die Blätter ständig Wasser verdunsten und so die Temperatur nochmals absinkt. Gleichzeitig entsteht durch die Temperaturunterschiede eine Luftbewegung, die als angenehm empfunden wird.
Also sucht man im Garten nach einer Stelle, die sich als Sitzplatz eignet. Der Ausblick sollte interessant sein und eine Abwechslung in der Perspektive auf Beete und Rabatten bieten. Durch das Naturmaterial, aus dem die Laube gebaut wird, und den Bewuchs, fügt sich der Sitzplatz ganz leicht in die Gestaltung ein und fällt kaum auf.

1 Eine Fläche, die ausreichend Platz für Tisch und Stühle oder eine Bank haben sollte, wird ausgemessen. Sie muss nicht eckig sein, sondern kann sich mit einer organischen Form in die Gartensituation einfügen.

2 Als nächstes besorgt man sich kräftige, gerade Triebe von Haselnusssträuchern. Sie dürfen ruhig eine Länge von zwei bis drei Metern haben. Der Durchmesser sollte an der dicksten Stelle gut 5 Zentimeter betragen. Sie werden am Rand der Fläche mit einem Abstand von 60 cm in den Boden gerammt. Eine Aussparung lässt man für den Eingang.

3 Nun werden quer ebenfalls Stöcke eingeflochten. Sie sollten bis auf eine Höhe von 1,50 Meter gleichmäßig eingeführt werden, damit ein Rankgerüst entsteht.

4 Nach oben hin führt man die vertikalen Äste nun zusammen und bindet sie mit einem Kabelbinder oder Draht zusammen, bevor man weitere Querverbindungen einflicht.

5 Ist die Laube fertig, kan man nun die Enden der Zweige mit Naturgarn befestigen. Außerdem werden nun noch Kletterpflanzen gesetzt. Sie sollten ein mittleres Wachstum haben, wie beispielsweise Heckenkirschen (*Lonicera*), Gelbe Waldreben (*Clematis tangutica*) und Alpenwaldreben (*Clematis alpina*).

6 Waldreben müssen unbedingt sehr tief (tiefer als sie im Topf gestanden haben) gepflanzt werden. So wurzeln sie gut ein. Weiterhin ist es wichtig, dass die Wurzeln immer gut schattiert sind, entweder durch Bodendecker oder Steine.

Abgeschnittene Zweige sind Baumaterial für Lauben (Bild oben), die beispielsweise von Alpenwaldreben berankt werden (Bild rechts).

Ein Metallgerüst hat nicht den natürlichen Charme und lässt sich nicht so flexibel anpassen. Es hat aber zugleich eine größere Stabilität und kann auch mit Rosen oder Pfeifenwinden berankt werden. Es sieht zugleich perfekter aus.

Ein Flechtzaun aus Haselnussruten
fügt sich gut in die Bepflanzung ein.

Ein geflochtener Rahmen

Wenn im Frühling die Vergissmeinnicht blühen, breiten sich die Triebe locker nach allen Seiten aus. Das sieht im Beet wunderschön aus. Auf dem Weg oder am Übergang zum Rasen kann es dagegen lästig sein. Das trifft auch auf verschiedene andere Pflanzen zu, die halbhohe, nicht ganz standfeste Horste bilden. Rückschnitt macht keinen Sinn, weil dann die Schönheit der Pflanzen und ihre Natürlichkeit leiden. Eine Lösung sind niedrige Einfassungselemente, die verhindern, dass sich die Pflanzen breit machen und den Trieben etwas mehr Standfestigkeit verleihen. Aus Zweigen lassen sich diese Einfassungselemente an Ort und Stelle gut flechten.

1 Als Material für die Flechtzäune eignen sich Bambus, Haselnussruten und einjährige Zweige, die man von Sträuchern zurückgeschnitten hat. Etwa alle 20 Zentimeter sollte man einen ca. 25 bis 30 Zentimeter langen Stock etwa 10 Zentimeter tief in die Erde stecken. Dazwischen werden ein bis zwei 10 Zentimeter kürzere Stöcke oberflächlich in die Erde gesteckt, damit sie Halt haben.

2 Nun werden um die Stöcke waagerecht die dünneren Ruten geflochten und zwar so, dass die Enden nicht an den Rändern sind. Man führt die Triebe im Wechsel vor und hinter den senkrechten Pfosten durch. Ist das Material sehr trocken und brüchig, legt man es zuvor 24 Stunden in Wasser ein. So saugen sich die Fasern voll und sind biegsam. Behutsam schiebt man die Zweige eng aneinander, damit der Flechtzaun dicht wird.

3 Die Enden versucht man zum Schluss so einzuflechten, dass sie fest zwischen dem Flechtwerk Halt finden.

Wer zum Flechten Weidenruten verwendet, sollte darauf achten, dass das Material nicht mehr saftig grün ist. Sonst kann es nämlich sein, dass sich Wurzeln an den Trieben bilden und sie austreiben. Das sieht zwar sehr hübsch aus, doch da Weiden richtig viel Wasser benötigen, nehmen sie den Pflanzen im Beet viel Kraft, und es ist auch schwer, eine solche Einfassung wieder zu entfernen, da sich rasch ein üpiger Wurzelfilz bildet. Ideal sind neben Weide und Haselnuss Ruten von Hartriegel, Felsenbirne und Flieder. Als Flechtwerk für die Horizontale kann man auch Birkenzweige in dünnen Bündeln verwenden.

Ein bunter Blütenteppich

Wiese statt Rasen: das ist der Traum von Naturgarten und Vielfalt. Blüten und Gräser sind locker miteinander vermischt und verbreiten ein romantisches Gefühl von Leichtigkeit. Doch das sollte nicht zu der Annahme führen, dass die Anlage einer Wiese leicht ist. Gras abschälen, Klatschmohn und Margeriten aussäen, abwarten und genießen – das funktionniert nicht dauerhaft. Das Gefüge einer Wiese ist ein sehr spezielles und fein auf die Verhältnisse des Bodens abgestimmtes Geflecht. Zunächst ist das Problem, dass alle Gartenböden in der Regel zu viele Nährstoffe enthalten. Da kommen die feinen kleinen Wiesenschönheiten wie Wiesensalbei (*Salvia pratensis*), Witwenblume (*Knautia*), Thymian (*Thymus*) und Kartäusernelke (*Dianthus carthusianorum*) gar nicht durch. Und vor allem wird sich das Gefüge nicht dauerhaft einspielen.
Wer eine Wiese haben will, muss sich zunächst einmal damit auseinandersetzen, was möglich ist.

1 Die Größe der Ausgangsfläche sollte nicht zu klein sein, denn die Pflanzen brauchen hier eine gewisse Ausdehnung, um sich etablieren zu können. Unter einer Größe von 100 bis 200 Quadratmetern braucht man nicht anfangen. Aber man kann ein Beet dann wiesenartig mit vielen Gräsern und wiesenartigen Blumen gestalten.

2 Ein nächster Aspekt gilt dem Abmagern des Bodens. Es müssen Nährstoffe entzogen werden. Das geschieht zum einen durch häufiges Mähen und zum anderen durch Abschälen der Grasnarbe und Abtrag von Gartenboden sowie durch Einarbeiten von Sand und Kies.

3 Anschließend sollte eine Bodenanalyse gemacht werden, mit deren Hilfe dann die Wiesenmischung optimal ausgesucht oder zusammengestellt wird. Hierbei sind Saatguthändler behilflich.

4 Die Fläche wird gründlich vorbereitet. Unkräuter müssen entfernt und der Boden gelockert werden. Anschließend wird alles glatt geharkt.

5 Nun kann die Saat ausgebracht werden, wobei man darauf achten sollte, dass die Samen nicht zu dicht liegen, sonst können sich die Pflanzen nicht entfalten. Je nach Mischung werden 2 bis 6 g pro Quadratmeter ausgebracht.

6 In den folgenden Wochen muss man gut und regelmäßig wässern, damit die Saat aufgeht.

Die Fettwiese

Wer auf das Abmagern verzichten will, kann den Weg über eine sogenannte Fettwiese gehen. Diese ist gekennzeichnet durch einen relativ hohen Nährstoffgehalt des Bodens und hohe Wildblumenschönheiten. Typische Vertreter sind Wiesen-Kümmel (*Carum carvi*), Kornblume (*Centaurea cyanea*), Wiesenschaumkraut (*Cardamine pratensis*), Wiesen-Margerite (*Leucanthemum vulgare*), Moschus-Malve (*Malva moschata*), Großer Sauerampfer (*Rumex acetosa*) und Rote Lichtnelke (*Silene dioica*). Es ist eine Mischung, wie man sie von beweideten Futterwiesen kennt. Über die Jahre wird aber durch die Mahd der Nährstoffgehalt sinken und einige der Pflanzen werden verschwinden. Dann wird es wichtig, etwas typischere Vertreter von Magerwiesen zu integrieren, entweder durch eine erneute Aussaat oder durch gezielte Pflanzung von Leinkraut (*Linaria*), Kartäusernelke (*Dianthus carthusianorum*), Kleiner Bibernelle (*Pimpinella*), Kleinem Wiesenknopf (*Sanguisorba minor*) und Ehrenpreis (*Veronica*).

Ein Weg durch die Wiese

Wer sich eine Wiese wünscht, der muss wissen, dass diese nicht zum Spielen, Toben und Liegen geeignet ist. Die Blumenwiese darf nicht plattgewalzt werden, sondern muss sich entfalten können. Dann wird sie gut sechzig Zentimeter und höher. Will man doch zumindest mal durchgehen, dann mäht man sich einen Weg frei. Dieser kann einfach kurz gehalten werden und von Jahr zu Jahr einen anderen Verlauf haben. Auch ein kleines Eckchen für die Gartenliege kann man sich mit dem Mäher freihalten.

Die Wiesencharakteristik

Will man eine wiesenartige Staudenpflanzung anlegen, so gilt es, die Charakteristik der vertretenen Blütentypen unter die Lupe zu nehmen. Es gibt die Margeritenblüten, die Teller von Schafgarbe, Glockenblumen und die Schalen von Malven. Darüber hinaus sind auch Schmetterlingsblütler, Lippenblütler und die locker leichten Schirme von Doldenblütlern vertreten. Wenn man dieses miteinander mischt und keine der Pflanzen in größeren Gruppen setzt, entsteht zusammen mit Gräsern der Wiesencharakter.

Pflegeplan für eine Wiese

Während Rasen mindestens einmal in der Woche gemäht werden muss, sind zwei Mähgänge im Jahr für die Wiese ausreichend. Die erste Mahd ist Ende Juli/Anfang August. Wichtig ist, dass sich Samen gebildet haben und diese bereits ausfallen. Eine zweite Mahd bietet sich für den Herbst an. Geschnitten wird mit einem Freischneider oder einem Balkenmäher. Das Schnittgut kann für Haustiere getrocknet werden oder als Mulch verwendet werden.

Wertvolle Sumpfzone

Der Übergang zwischen Wasser und Beet gehört zu den besonderen Lebensbereichen im Garten. Im Sumpf ist das Leben besonders artenreich, und gleichzeitig wird vielen Gartenbewohnern erst durch die Sumpfzone ein Leben im Garten ermöglicht. Daher ist es ganz wichtig, dass man diese wechselfeuchte Zone nicht durch einen scharf umrandeten Gartenteich verhindert und eventuell statt eines Teiches lieber im Halbschatten einen Bereich anlegt, der die Eigenschaften eines Sumpfes hat. Wenn die Feuchtigkeit des Bodens hoch ist, kommen viele Schatten-stauden auch mit etwas sonnigeren Bedin-gungen klar. Silberkerzen (*Cimicifuga*), Prachtspieren (*Astilben*) und auch Horten-sien (*Hydrangea*) bevorzugen eher feuchte Standorte. Steigt das Wasser durch starke Niederschläge gelegentlich, fühlen sich Ligularien (*Ligularia*), Wasserminze (*Mentha aquatica*) und das Sumpf-Vergissmeinnicht (*Myosotis palustris*) wohl.

1 Wer einen Gartenteich hat, der kann leicht einen Sumpf gestalten. Im halbschattigen Bereich lässt man den Teich samt Teichfolie flach auslaufen. Nun baut man mit Hilfe von Steinen einen Wall auf, der verhindert, dass das Substrat, welches für die Sumpfpflanzen erforderlich ist, in den Teich hineingespült wird. Man kann auch einen größeren Stein mitten im Sumpf platzieren, so dass sich

Amphibien sonnen können und Vögel einen vor Katzen sicheren Standort zum Trocknen des Gefieders haben. Die Pflanzen werden in das Substrat gesetzt. Ideal für die Bepflanzung ist das Frühjahr, wenn die Temperaturen deutlich steigen.

〜〜〜〜〜〜〜〜

2 Wer ein Sumpfbeet anlegen will, der muss sicherstellen, dass immer wieder Wasser nachlaufen kann. Hier ist eine Verbindung zu einer Regentonne beispielsweise ideal. Um den Sumpf nach unten abzudichten, kann man den Grund mit Teichfolie versehen oder man setzt eine Wanne ein. Zunächst wird der Aushub wieder eingefüllt, anschließend bepflanzt und dann geflutet. Auch hier macht es Sinn, am Rand mit Steinen die Übergänge zu gestalten.

〜〜〜〜〜〜〜〜

3 Auf Balkon und Terrasse wird ein kleines Feuchtbiotop in ausgedienten Zinkwannen gestaltet. Hier kann man Zypergras (*Cyperus alternifolius*), Gauklerblumen (*Mimulus*) und Schwertlilien (*Iris*) einsetzen. Sie brauchen lediglich im Winter einen eher geschützten Standort, der auch verhindert, dass die Wurzeln vollständig durchfrieren. Ideal ist beispielsweise eine Garage.

Geschnitten, aber mit Vielfalt

Eine geschnittene Hecke hat im Vergleich zur freiwachsenden Hecke (s. Seite 15) den großen Vorteil, dass man viel Platz spart. Man hat zwar die Arbeit des Schneidens, aber bei kleinen Gärten ist die blickdichte Formschnitthecke immer noch schöner und natürlicher als eine Sichtschutzwand. Allerdings wird nur allzu häufig eine geschnittene Hecke als Monokultur gezogen. Gestalterisch freuen sich viele Gärtnerinnen und Gärtner zwar über den einheitlichen Hintergrund, aber in Hinblick auf Vielfalt bietet eine solche Hecke nicht viel. Dabei kann man in einer solchen grünen Wand ganz verschiedene Sträucher ineinanderwachsen lassen, so dass die Hecke ein lebendiges Muster bekommt, das von den Unterschieden der Blattstrukturen und -farben bestimmt wird. Die einfachste Variante beispielsweise ist eine Buchenhecke (*Fagus sylvatica*), bei der eine grün- und eine rotblättrige Sorte gemischt werden. So geht man zumindest auf Nummer sicher, dass die Pflanzen einen ähnlichen Wuchs haben. Aber es funktioniert auch mit ganz unterschiedlichen Heckenpflanzen. Wichtig ist nur, dass man die Pflanzen im Jugendstadium setzt, damit sie von unten ineinander wachsen können und sich harmonisch entfalten.

1 Für die Hecke wird zunächst ein Pflanzgraben ausgeschaufelt. Der Grund dieses Pflanzgrabens wird mit der Grabegabel gelockert. Man arbeitet reife Komposterde ein. Der Spätherbst, wenn die Blätter abgefallen sind, und das zeitige Frühjahr sind ideale Pflanzzeiten. Nun spannt man eine Pflanzschnur, die man mit Pfosten entlang des Pflanzgrabens befestigt. Sie soll helfen, dass alle Gehölze in einer Reihe stehen. Die Gehölze werden in den Pflanzgraben gestellt und gleichmäßig verteilt, so dass die Pflanzabstände bei 20 bis 30 Zentimetern liegen. Anschließend wird gepflanzt. Es ist hilfreich, wenn man diese Arbeit zu zweit macht. Einer hält die Pflanze und einer füllt die Erde an. Dabei nimmt man immer wieder an der Pflanzschnur Maß, damit alles in einer Reihe steht. Anschließend wird gegossen.

2 Nach dem ersten Austrieb werden die Spitzen eingekürzt, damit sich die Triebe verzweigen und die Hecke dicht wird.

Abwechslungsreich reiht sich das Buschwerk von
Schneeball, Eibe und Berberitze aneinander.

Laubabwerfende Gehölze
für geschnittene Hecken
zwischen 1 und 1,5 Metern

Feldahorn (*Acer campestre*)
Berberitze (*Berberis*)
Hainbuche (*Carpinus betulus*)
Kornelkirsche (*Cornus mas*)
Weißdorn (*Crataegus monogyna*)
Deutzie (*Deutzia*)
Kriechspindel (*Euonymus*)
Buche (*Fagus sylvatica*)

Rote Buche (*Fagus sylvatica ʿAtropurpureaʹ*)
Forsythie (*Forsythia intermedia*)
Stechpalme (*Ilex aquifolium*)
Liguster (*Ligustrum*)
Mahonie (*Mahonia aquifolium*)
Schlehe (*Prunus spinosa*)
Alpenjohannisbeere (*Ribes alpinum*)
Spiere (*Spirea*)

Ein Hoch auf dieses Beet

Je kleiner der Garten, desto weniger Platz ist für einen reinen Gemüsegarten. Dabei wäre es doch wirklich schön, wenn man ein paar Salate, Sellerie und Fenchel oder Karotten, Rote Bete und Rosenkohl im eigenen Garten ernten könnte. Ein Hochbeet ist der ideale Kompromiss, denn dieser Gemüsegarten ist überschaubar und durch seine Gestalt in Form einer ca. tischhohen Kiste setzt er sich automatisch von dem Rest der Bepflanzung ab. Man kann rundherum einen Weg lassen, ansonsten aber die Kiste zwischen die Stauden und Rosen ins Blumenbeet setzen. Die Größe von ca. 1 × 2 Metern ist dabei für den Anfang vollkommen ausreichend. Schließlich will man nur mal das eine oder andere selbst ernten, aber nicht gleich zum Selbstversorger werden. Das Hochbeet selbst sollte aus unbehandeltem, witterungsbeständigem Holz gebaut werden. Man lässt das Holz beim Schreiner oder im Baumarkt am besten direkt zusägen. In die vier Ecken kommt ein Vierkantholz (8 × 8 cm) als Pfosten, an dem die seitlichen Platten mit Holzschrauben befestigt werden.

1 Die Fläche wird ausgemessen und das Holz bestellt. Anschließend wird die Fläche etwa 20 Zentimeter tief ausgegraben. Der Aushub wird auf die Seite gestellt.

~~~~~~~~~~

2 Nun werden an den Ecken die Kanthölzer etwa 20 Zentimeter tief in den Boden geschlagen. Die unteren Platten können nun befestigt werden. Anschließend wird der Boden seitlich etwa 10 cm hochstehend mit feinem Draht ausgelegt. Dieser soll verhindern, dass sich Nager von unten in dem Beet einnisten.

~~~~~~~~~~

3 Nun können die oberen Platten angebracht und oben quer eine Latte aufgeschraubt werden.

~~~~~~~~~~

4 Als unterste Schicht wird nun grober Strauchschnitt etwa 30 cm hoch in das Hochbeet eingefüllt. Darüber wird jede Menge gehäckseltes Material von Sträuchern und Stauden gegeben (ca. 25 cm) und anschließend kann halb verrotteter Kompost, gemischt mit Laub und Rasenschnitt, ebenfalls in einer Stärke von 25 cm darüber gegeben werden. Eine dünne Schicht aus Pferdemist oder organischen Düngern (s. Seite 92) sorgt dafür, dass genügend Nährstoffe vorhanden sind. Nun lässt man das Material erst einmal eine gute Woche sacken, bevor der Aushub, gemischt mit reifem Kompost, als oberste Schicht eingefüllt wird.

~~~~~~~~~~

5 Nun kann mit der Aussaat und Bepflanzung begonnen werden.

Das Hochbeet ist bequem zu bewirtschaften. Man kann neben Blatt-, Frucht- und Wurzelgemüse auch Kräuter und essbare Blüten pflanzen. Meist wachsen die Pflanzen schneller, weil das Erdreich mit dem hohen Humusanteil eine hohe Bodentemperatur hat. Außerdem ist das Erdreich garantiert unbelastet, weil man weiß, was man als Substrat hat.

Kleiner Platz für noch mehr Grün

Ganz gleich ob Mülltonnenbox, Vordach am Haus oder Fahrradunterstand – das sind alles perfekte Plätze, um einfach noch mehr Pflanzfläche zu schaffen. In diesem Fall handelt es sich um eine extensive Bepflanzung für eine Dachbegrünung. Eine bunte Auswahl aus verschiedenen kleinbleibenden Fetthennen (*Sedum*), Polsterthymian (*Thymus serpyllum*), Silberfingerkraut (*Potentilla argentea*), Katzenpfötchen (*Antennaria dioica*), Rundblättriger Glockenblume (*Campanula rotundifolia*) und Heidenelken (*Dianthus deltoides*) sowie Stachel-Schwingel (*Festuca punctaria*) und Schnittlauch (*Allium schoenoprasum*) verzaubert den sonnigen Quadratmeter Fläche in eine kleine Blütenwiese der besonderen Art.

1 Zunächst wird die Fläche ausgemessen und ein Rahmen aus witterungsbeständigem Holz gebaut, der gut auf der Fläche befestigt wird. Bei einem Vordach sollte die Stabilität der Konstruktion geprüft werden, denn Substrat und Wasser bringen ein paar Kilo zusätzliches Gewicht ins Spiel.

2 Nach unten wird der Rahmen, der eine seitliche Kantenhöhe von mindestens 7 cm haben sollte, mit einer Wurzelschutzbahn ausgelegt. Wichtig ist, dass Wasser an verschiedenen Stellen seitlich abfließen kann und hierfür Bohrungen vorgenommen werden.

3 Ist der Rahmen auf dem Untergrund befestigt, füllt man ein Substrat für die extensive Dachbegrünung ein. Anschließend kann bepflanzt werden.

4 Anfangs achtet man darauf, dass Unkräuter entfernt werden, damit sich die selbstgepflanzten Stauden und Gräser etablieren und durchsetzen können.

Wer keine Möglichkeit für eine solche Bepflanzung hat, aber an der Schönheit von Steingartenpflanzen Gefallen findet, der kann sich auch einen Steintrog als Beet für die Alpinen herrichten. Wichtig ist, dass das eingefüllte Substrat möglichst mager ist. Auch hier kann man Substrat für Dachbegrünungen verwenden.

2

Pflanzen, die schön und nützlich sind

Die Schönheit einer Pflanze ist eine sehr individuelle Frage und hat immer etwas mit persönlichem Geschmack zu tun. Wenn wir die Pflanzen für den Garten auswählen, sollte es aber nicht nur um Äußerlichkeiten gehen, sondern immer auch darum, ob das, was man pflanzt, zusätzlich die Kreisläufe im Garten positiv beeinflusst.

Ein Eldorado für Schmetterlinge

Vielfalt ist Ausdruck der Natur, und im Garten dürfen Schmetterlinge nicht fehlen. Ein klassischer Magnet für Falter sind die bezaubernden Blütenstände des Sommerflieders, der auch als Schmetterlingsflieder bekannt ist und botanisch *Buddleja* heißt. Es ist ein Strauch, der an sonnigen Stellen gut gedeiht und wenig Ansprüche an den Boden stellt. Aber dieses ist nur ein sehr plakatives Beispiel, wie man fliegende Schmetterlinge anlockt.

Mindestens ebenso wichtig ist es, Futter für die Raupen der Schmetterlinge bereit zu halten, denn nur so kann sich die Schönheit der Falter tatsächlich zeigen. Es sind zum Teil so „banale" Pflanzen wie die Brennnessel (s. Seite 90), der Hornklee, der Haselnussstrauch, das Wiesenschaumkraut und das Weidenröschen, die zu den Raupen-Futterpflanzen zählen. So kommen die Raupen von Aurorafalter, Blutströpfchen, Distelfalter, Gemeinem Bläuling und Tagpfauenauge auf ihre Kosten. Aber auch Salweide, Roter Hartriegel, Liguster und Faulbaum haben Attraktivität für Raupen von Zitronenfalter, Ligusterschwärmer, Faulbaumbläuling und C-Falter. Will man nun im Garten ganz schnell etwas für die Schmetterlinge tun, so macht es Sinn, eine Blumenmischung für Schmetterlinge auszusäen. Die im Fachhandel erhältlichen Mischungen sind auf unterschiedliche Bodensituationen abgestimmt und enthalten neben Raupen-Futterpflanzen solche, die auch für die Schmetterlinge als Nektarspender beliebt sind.

1 Vor dem Einkauf der Mischung bestimmt man die Bodensituation, damit man die passende Mischung bestellen kann.

2 Aussaatzeit ist das Frühjahr. Doch zuvor sollte der Boden vorbereitet werden. Dabei lockert man ihn mit einem Sauzahn oder mit den Zinken einer Grabegabel. Es sollte jetzt der Boden nicht mehr gewendet werden. Anschließend wird die Fläche glatt gerecht, damit man die Samen ausstreuen kann.

3 Bei der Aussaat achtet man darauf, dass die Samen wirklich mit einem weiten Abstand zu liegen kommen. Anderenfalls wachsen die Blumen zu dicht und können sich nicht entfalten. Nach der Aussaat drückt man die Samen mit der Rückseite der Harke behutsam an und gießt gründlich.

4 Mit bunten Plastikstreifen, die man im Wind flattern lässt, verhindert man, dass die Samen von Vögeln aufgepickt werden. Regelmäßiges Gießen mit einer feinen Brause ist sehr wichtig.

Der Zitronenfalter sieht bezaubernd aus, wenn er locker zwischen Wiesenschaumkraut umhertanzt (Bild oben). Der C-Falter macht sich bereits zeitig im Jahr über die Weidenkätzchen her (Bild rechts).

5   Ist die Fläche grün geworden, sieht man, wo Lücken sind oder die Pflanzen zu dicht stehen. Nun kann man einzelne Sämlinge problemlos umpflanzen.

Bezugsquellen für Schmetterlingsmischungen finden Sie im Anhang auf Seite 135f.

Gräser – das Haar der Erde

Lange Zeit waren Gräser im Garten einzig als grüner Rasenteppich populär. Doch immer häufiger entdeckt man die Schönheit von ein- und mehrjährigen Gartengräsern in der Blumenrabatte. Vom Charakter halten sich die Gräser dezent im Hintergrund. Sie mischen sich zwischen die vielen verschiedenen Facetten von Grün, die man im Garten findet. Hin und wieder mal überraschen sie mit rotbraunen, goldgelben oder bläulichgrünen Varianten. Ihr großes Können liegt vor allem in der Leichtigkeit und Zartheit, die sie mit den filigranen Blattstrukturen und den zarten Blütenständen im Beet verbreiten. Sie legen sich wie Schleier zwischen kraftvolle Farben, schenken Ruhe und lockern auf. Auch die Bewegung des Windes machen sie sichtbar. Im Herbst zaubern manche Sorten tolle Färbungen – orange, gelb und rot leuchten dann die Gräser, bevor die oberirdischen Strukturen absterben. Raureif und Schneekristalle sorgen jetzt dafür, bezaubernde Muster als winterliche Attraktionen auf Halme und Blütenstände zu zaubern. Wie könnte man in einem Naturgarten auf diese ausdrucksstarken Repräsentanten von Natürlichkeit verzichten? Zumal Vögel und Nager die Samen als willkommene Abwechslung auf dem Speiseplan ansehen und mitunter auch Halme wie Fruchtstände zum Auskleiden von Winterquartier oder Brutplatz nutzen. Gräser gibt es in vielen Varianten und eigentlich für jeden Standort im Garten. Es gibt sie als mannhohe Sichtschutzpflanzen wie Chinaschilf (*Miscanthus*) und Pampasgras (*Cortaderia*), als Begleiter im sonnigen und schattigen Beet sowie als Struktur in dekorativen Töpfen oder zwischen den Einjährigen im Balkonkasten.

1 Gräser, die im Schatten gut gedeihen, sind Marbel (*Luzula*), Segge (*Carex*), Japan-Waldgras (*Hakonechloa*) und Waldschmiele (*Deschampsia*).

2 Für die sonnigen Beete eignen sich Lampenputzergras (*Pennisetum*), Rutenhirse (*Panicum*), Federgras (*Stipa*), Reitgras (*Calamagrostis*) und Schwingel (*Festuca*).

3 Zahlreiche Seggen (*Carex*) und das Japan-Waldgras (*Hakonechloa*) sehen schön in Gefäßen aus. Als Begleiter für Einjährige haben sich die Mähnengerste (*Hordeum*), das Hasenschwanzgras (*Lagurus*) und die rotlaubigen Federborstengräser (*Pennisetum setaceum*) bewährt.

C4-Gräser

Eine besondere Form – wissenschaftlich als C4-Pflanze bezeichnet – des Stoffwechsels liegt bei vielen Süßgräsern vor. Sie brauchen viel Wärme für das Wachstum und treiben daher erst spät im Jahr aus. Aus diesem Grund sollten vor allem Chinaschilf (*Miscanthus*), Federgräser (*Stipa*), Liebesgras (*Eragrostis*) und Rutenhirse (*Panicum*) nur im späten Frühling gepflanzt werden.

Die wilde Seite der Rose

Die Königin der Blumen hat ein breites Sortenspektrum und viele verschiedene Wuchsformen – von bodenbedeckend über strauchig bis hin zu kletternden Formen. Da fällt die Entscheidung schwer, und man vergisst nur allzu schnell, dass es auch sehr hübsche Wildformen gibt, die sich für den Garten eignen. Das große Plus besteht darin, dass die Wildrosen tatsächlich keine Pflege benötigen, wenn sie erst einmal gepflanzt sind. Allenfalls muss man sie auf den Stock setzen, um die Vitalität zu fördern, aber das ist auch nur alle 10 Jahre notwendig. Wildrosen duften, fruchten und blühen zum Teil auch über zwei Monate hinweg.

1 Die beste Pflanzzeit für Rosen ist der späte Herbst. Jetzt bekommt man die Pflanzen wurzelnackt, also direkt aus der Rosenschule.

2 Wildrosen sollten immer auf der eigenen Wurzel stehen, also nicht veredelt sein, weil sonst die Unterlage durchtreiben kann.

3 Man macht ein tiefes Pflanzloch, so dass die Rosenwurzeln locker nach unten hineinhängen. Nun setzt man die Rose, die zuvor mindestens 10 Stunden gewässert wurde, in das Loch und füllt die Erde auf.

4 Im Frühling, wenn der Austrieb beginnt, wird abgehäufelt. Jetzt muss regelmäßig gegossen werden, damit die Pflanzenwurzeln in die Tiefe wachsen.

NAME	BLÜTENZEIT/-FARBE	HÖHE IN CM	BESONDERHEITEN
Essigrose	Juni/Juli	50–100	Duft
(Rosa gallica)	rot		
Rotblättrige Rose	Juni/Juli	100–200	lange Blüte, Triebe rötlich
(Rosa glauca)	rotweiß		
Alpenheckenrose	Mai–Juni	50–100	frühe Blüte, Hagebutte
(Rosa pendulina)	purpur		flaschenförmig
Bibernellrose	Mai–Juli	20–100	Ausläufer bildend,
(Rosa pimpinellifolia)	weiß mit gelben Staubbeuteln		frühe Blüte
Apfelrose	Mai–Juli	50–150	großblumig, großfruchtig
(Rosa villosa)	rosaweiß		

Mit viel Nektar und Pollen

Wenn man sich bei den Pflanzen in der Natur umsieht, entdeckt man nur äußerst selten mal einen Vertreter, der gefüllte Blüten hat. Margeriten, Klatschmohn, Astern und viele andere Pflanzen haben eine „ganz normale" Blüte. Im Garten, wo der Mensch die Auslese der Pflanzen trifft, kommt es mehr darauf an, etwas Ungewöhnliches, etwas besonders Großes, etwas besonders Farbenprächtiges in den Garten zu holen.

Und da sind gefüllte Blüten ganz klar beliebt. Ob Rosen, Margeriten, Dahlien, Pfingstrosen oder Begonien – die gefüllten Blüten wirken größer und machen mehr her. Die Füllung beruht darauf, dass ein Teil oder alle Staubgefäße durch Züchtung in Blütenblätter verwandelt worden sind. Dieser Verlust an Geschlechtsorganen hat zur Folge, dass die Pflanze selbst keine Früchte mehr bilden kann, aber auch keinen Nektar und keine Pollen entwickelt. Für die Naturkreisläufe verlieren diese Pflanzen bei den Bestäubern ihre Attraktivität, weil sie keine Nahrung anbieten können. Daher verarmt die Fauna im Garten, wenn der hochsommerliche Flor von Pflanzen mit gefüllten Blüten bestritten wird. Also sollte man immer auch auf den natürlichen Charme ungefüllter Blüten setzen und sich dafür entscheiden.

1 Bei der Pflanzenauswahl immer darauf achten, dass im Garten schon zeitig im Vorfrühling etwas blüht. Haselnusssträucher, Kornelkirsche, Schneeglöckchen und Winterlinge sind ebenso beliebt wie Rosmarin.

2 Wer auf ungefüllte Blüten setzt, kann sich sicher sein, dass die Pflanzen auch Früchte ansetzen. Das ist beispielsweise dekorativ bei Rosen, aber auch bei Zierquitten und Pfingstrosen hübsch anzusehen.

3 Damit im Garten viel Pollen zur Bestäubung der eigenen Apfelbäume vorhanden ist, pflanzt man einen Zierapfel dazu. Diese Sorten mit eher kleinen Früchten blühen besonders reich und bieten Pollen in großer Zahl.

4 Achten Sie darauf, dass remontierende Stauden, also solche, die nach Rückschnitt wieder blühen – nach der ersten Blüte sofort zurückgeschnitten werden. Zu diesen Stauden zählen Rittersporn (*Delphinium*), Sommersalbei (*Salvia nemerosa*) und Feinstrahl (*Erigeron*).

5 Vielfalt fördert Vielfalt. Daher macht es nicht nur aus gestalterischen Gründen Sinn, dass man Pflanzen mit verschiedenen Blütentypen, also Korbblütler, Lippenblütler, Nachtkerzengewächse und vieles andere, miteinander mischt, sondern es ist auch für das Nahrungsangebot für die Insekten wichtig. Sie sind zum Teil auf bestimmte Pflanzen spezialisiert.

Pflanzen mit zahlreichen kleinen Blüten, die über eine längere Periode blühen, sind übrigens besonders wertvoll, weil sie den Insekten immer wieder frische Blüten anbieten. Zu ihnen zählt beispielsweise die Bergminze (*Calamintha*), aber auch die Mexikanische Minze (*Agastache*), eine Staude, die man leicht aus Samen selbst ziehen kann.

Sonnenblumen: Pracht mit tiefer Wirkung

Gewiss ist die Sonnenblume keine heimische Gartenblume. Sie hat aber eine Vielzahl von Vorzügen und bietet die Möglichkeit, ganz schnell in jeder Hinsicht das Gartenleben zu fördern. Die meist einjährigen Schönheiten gibt es in einem breiten Sortenspektrum, wobei die gefüllten hier an dieser Stelle außer Acht gelassen werden sollten (s. Seite 44). Es wird die Möglichkeiten aber kaum schmälern, denn von klein bis groß, von einer großen Vielfalt an Gelbtönen bis hin zu Rotbraun und Burgundertönen, von eintriebig bis reich verzweigt hat die Sonnenblume viel zu bieten. Die Blüten – das steht außer Frage – sind groß und bei den Insekten als Quelle für Nahrung beliebt. Was häufig aber gar nicht berücksichtigt wird, ist die positive Wirkung der Sonnenblume auf den Boden. Die Pflanze, die innerhalb von wenigen Wochen übermannshoch wird, braucht natürlich ein gutes Wurzelsystem, das sie versorgt. Ein guter Nährstoffvorrat ist von Vorteil, zugleich bricht die Sonnenblume mit ihren Wurzeln ein festes Gefüge auf und lockert so den Boden. Sie eignet sich also hervorragend als Bodenverbesserer.

Und im Grunde sind die hohen Arten auch ein perfekter Sichtschutz, mit dem man die Gartengrenze innerhalb von kurzer Zeit schließen kann. Hierbei sind vor allem die verzweigt wachsenden Sorten ein großer Vorteil. Einer Kollegin, die mich vor zwei Jahren fragte, wie sie den Garten rund um das neugebaute Wohnhaus einfrieden könnte, gab ich den Rat, mit zwei bis drei Tüten Sonnenblumen erstmal eine Hecke zu gestalten. So hatte sie Zeit gewonnen, um sich darüber klar zu werden, wie die Gestaltung des Gartens aussehen sollte. Gleichzeitig wurde der Boden, der durch die Bauarbeiten stark in Anspruch genommen worden war, verbessert. Und den ganzen Sommer über war die Sonnenblumenhecke die große Attraktion bei allen neuen Gartenbewohnern, von Wildbiene über Hummel bis hin zu einer großen Anzahl von Vögeln. Und das alles nur mit zwei bis drei Tüten Saatgut.

1 Sonnenblumen kann man aus Samen leicht selbst ziehen. Allerdings macht es Sinn, die Jungpflanzen auf einer hellen, leicht temperierten Fensterbank ab Anfang April vorzuziehen. Am besten steckt man jeweils in einen Topf oder Jogurtbecher – gefüllt mit Anzuchterde – einen Samen. So erspart man sich das Pikieren.

2 Vier Wochen später können die Pflanzen dann ausgepflanzt werden. Mit einer Handschaufel macht man ein großes Loch in die Erde und setzt die Pflanze ein. Geben Sie ruhig ein

bisschen organischen Dünger wie
Hornmehl dazu, um das Wachstum
anzukurbeln.

3 Bei hohen Sonnenblumensorten macht
es Sinn, einen kräftigen Stock neben
der Pflanze in die Erde zu rammen.
Wächst die Sonnenblume hoch, kann
man sie anfangs festbinden, bis der
Stängel so kräftig ist, dass sich die
Pflanze selbst halten kann.

Gründüngungspflanzen

Pflanzen, die in der Lage sind, den Boden
zu verbessern, nennt man Gründüngungspflanzen. Eine ganze Reihe dieser Pflanzen
haben ähnlich wie die Sonnenblumen ein
kräftiges Wurzelsystem, mit dem verdichtete
Strukturen im Boden aufgebrochen werden
können. So eine Pflanze ist beispielsweise
die Bienenweide (*Phacelia*), die mit ihren
lavendelblauen Blüten zugleich viele Insekten
anlockt. Will man den Boden großflächig
verbessern, so ist Phacelia ein guter Helfer.
Auch der Borretsch, eine als Gurkenkraut
bekannte Kräuterpflanze, arbeitet sich
mit den Wurzeln durch verdichtete Bo-
denstrukturen. Verwendet man Senf als
Bodenverbesserer, so sollte man sicher
sein, dass man keinen Kohl anpflanzen will,
denn beides sind Kreuzblütler, die von der
Kohlhernie, einer bodenbürtigen Krankheit,
befallen werden können.
Neben diesen Pflanzen, die den Boden
lockern, gibt es eine ganze Reihe von

Schmetterlingsblütlern, die mit den sogenannten Knöllchenbakterien an den Wurzeln
Stickstoff im Boden anreichern können. Zu
ihnen zählen Kleearten, Wicken, Lupinen,
Erbsen und Bohnen.
Grundsätzlich werden alle Gründüngungspflanzen vom Frühjahr bis Sommer ausgesät.
Man lässt sie wachsen und kann sie entweder
bereits wenige Wochen, nachdem der Boden
zugewachsen ist, mähen und als Häcksel
einarbeiten oder aber auch damit warten,
bis man tatsächlich den Boden bepflanzen
will. Die Pflanzenteile sollten zerkleinert in
den Boden eingearbeitet werden. So erhöht
man den Humusgehalt des Bodens. Es
besteht keine Gefahr, dass sich die Gründüngungspflanzen durch Aussaat dauerhaft,
quasi als Unkraut, im Garten etablieren.

Wie ein bunter Frühlingswald

Der Schatten unter Bäumen hat in den ersten Monaten des Jahres seinen Höhepunkt erreicht. Noch gelangt reichlich Licht auf den Boden, weil die Blätter an den Zweigen noch in den Knospen stecken, und so können die sogenannten Geophyten ihre Schönheit entfalten. Schneeglöckchen (*Galanthus*), Blausternchen (*Scilla*), Strahlenanemonen (*Anemone blanda*) und Alpenveilchen (*Cyclamen coum*) sorgen für kräftige Farbtupfer zusammen mit Stauden wie Gedenkemein (*Omphalodes verna*), Lerchensporn (*Corydalis*) und Lungenkraut (*Pulmunaria*). Auch einige Veilchen (*Viola odorata*) und Himmelsschlüssel (*Primula veris*) können an den Rändern, wo es etwas sonniger ist, gepflanzt werden. So ein Frühlingsteppich lässt sich am besten direkt nach der Baumpflanzung etablieren, weil die Pflanzen mit wenig Wurzelkonkurrenz einwachsen können. Wichtig ist, dass der Boden vor der Pflanzung mit reichlich abgelagerter Komposterde verbessert wird, damit sich die Feuchtigkeit gut hält und der Boden in seinem Charakter an einen Waldboden erinnert.

1 Für die Stauden macht es Sinn, einen kleinen Plan zu zeichnen, damit man leichter ausrechnen kann, wieviele Pflanzen benötigt werden. Bei den bodenbedeckenden Staudenarten rechnet man 8 bis 10 Pflanzen pro Quadratmeter.

2 Gepflanzt wird idealerweise im zeitigen Herbst. So können die Stauden einwurzeln und man kann gleichzeitig auch die Zwiebelblumen pflanzen.

3 Während die Stauden eher flächig platziert werden, bekommen die Zwiebelblumen durch eine locker verstreute Gestaltung eine natürliche Ansiedlung. Man nimmt dazu einfach eine Handvoll Zwiebeln, wirft sie in die Höhe und pflanzt sie genau dort, wo sie hingefallen sind.

4 Damit nach der Blüte, wenn sich die Zwiebelblumen zurückgezogen haben, noch etwas Blattschmuck für Abwechslung sorgt, kann man mit großblättrigen Bergenien (*Bergenia*), Kaukasus-Vergissmeinnicht (*Brunnera*) und Farnen (s. Seite 52) die Situation auflockern.

5 Nach der Pflanzung mulcht man die Fläche mit einer Mischung aus Häcksel, Blättern und abgelagertem Kompost. Dies wird in regelmäßigen Abständen wiederholt, damit der Humusgehalt des Bodens hoch bleibt.

Der Fingerhut samt sich von alleine aus und besiedelt lichte, halbschattige Plätze im Garten. Er wächst zweijährig, und wenn man die Blütenstände frühzeitig vor der Samenbildung zurückschneidet, auch noch ein drittes Jahr.

TIPP

Schneeglöckchen versucht man von einem Gartenfreund oder einer Gartenfreundin im Frühling als Ableger zu bekommen. Sie wachsen dann besser und schneller ein, als wenn man im Herbst Zwiebeln legt.

Größere Schattenpartien sind gut geeignet, damit sich der Trichterfarn mit seinen Horsten malerisch ausbreiten kann.

⟶

Aus der Urzeit: Farne

Den Schatten mit blühenden Stauden oder Einjährigen zu bepflanzen, ist meist nicht ganz leicht, weil es zu dunkel ist. Die Gruppe der Farne hat jedoch mit den schlechten Lichtbedingungen keine Probleme. Farne bilden dekorative Wedel, die zum Teil auch über den Winter grün bleiben und mit dem Formen- und Farbenspiel für reichlich Abwechslung sorgen. Farne lieben einen frischen bis feuchten, sehr humosen Boden. Damit sie sich gut etablieren, sollte man sie direkt mit den Gehölzen pflanzen. So vermeidet man, dass sich die Farne gegen die Wurzelkörper der Gehölze nicht durchsetzen können. Hinsichtlich des Wachstums und der Höhe gibt es ganz verschiedene Arten. Für schattige Fugen und Ritzen eignet sich beispielsweise der Streifenfarn (*Asplenium*) und der Tüpfelfarn (*Polypodium*). Ein hoher Wuchs und Ausläufer sind die Charakteristika des Trichterfarns (*Mattheucia*), dessen Wedel tatsächlich einen Trichter bilden, weil sie kreisförmig angeordnet sind. Der Hirschzungenfarn (*Phyllitis*) mit seinen breiten, zungenförmigen Wedeln ist sehr robust und kann auch mal in einer Natursteinmauer seinen Platz finden. Wintergrün sind neben Tüpfel- und Hirschzungenfarn auch der Goldschuppenfarn (*Dryopteris affinis*) und der Schildfarn (*Polystichum*). Besonders interessant aufgrund der Farbe der Wedel ist zum einen der Rotschleierfarn

(*Dryopteris erythrosora*) und der Japanische Regenbogenfarn (*Athyrium nipponicum* `Metallicum´). Beide behalten auch im Winter ihre Wedel.

1 Für Farne sollte man den Boden mit viel Humus anreichern. Wer Lauberde (s. Seite 69) zur Verfügung hat, sollte diese verwenden, weil sie eine sehr gleichmäßige Qualität in den Boden bringt. Alternativ kann abgelagerte Komposterde verwendet werden.

2 Farne wirken besonders gut, wenn sie eher großflächig gepflanzt werden. Es sollten nicht zu viele verschiedene Arten verwendet werden, sondern zwei bis vier Arten mit kontrastierenden Farben und Formen zusammen gepflanzt werden. Auch ein paar Schattengräser (s. Seite 40) wie Marbeln und Waldschmielen können die Situation auflockern.

3 Die Frühjahrspflanzung ist ideal, weil die Pflanzen von dem Licht vor dem Laubaustrieb der Gehölze profitieren.

4 Farne brauchen kaum Dünger. Die Zwischenräume sollten aber immer mit viel Mulch abgedeckt werden.

Zwischen Farnen kann man Frühlingsblüher wie Hasenglöckchen (*Scilla*), Schneeglöckchen (*Galanthus*) und Hundszahn (*Erythronium*) im Herbst des ersten Standjahres setzen, um den Schatten im Frühling aufzulockern.

Samen und Früchte für Selbstbediener

Der Garten ist ein Selbstbedienungsladen
für alle Bewohner. Gerade im Spätsommer
und Herbst beginnt ein emsiges Treiben.

Die einen fressen sich jetzt ein bisschen
Winterspeck an, die anderen füllen ihre
Vorratskammern. Und dafür sollte der Garten

Lässt man im Herbst die Samenstände der Stauden stehen,
gibt es reichlich Nahrung für die geflügelten Gartenbewohner.
←—«

55

auch immer genügend Material anzubieten haben. Daher macht es Sinn, alle Pflanzen so lange wie möglich stehen zu lassen. Zwar darf man ab Ende September wieder alle Gehölze zurückschneiden, aber es macht Sinn damit zu warten, bis wirklich alle Beeren, Nüsse und Früchte abgeerntet sind. Es gilt aber auch für frühere Zeitpunkte. Bei mir im Garten war beispielsweise die Akelei verblüht und ich wollte Samen sammeln. Doch ich bin nicht dazu gekommen. Die kleinen Haselmäuse waren schneller. Ich konnte mir die Ernte der Samenstände in aller Gemütlichkeit von der Terrasse aus ansehen und dachte nur, dass vielleicht doch das eine oder andere Samenkorn ausfällt, bis die Kapsel dann im Bau untergebracht ist, und ich auf diesem Weg zu neuen Akeleien kommen werde. Und ebenso verschwinden bei mir an vielen Stellen Fruchtstände, was mir allerdings dann auch hilft, denn ich muss mich um den Rückschnitt nicht kümmern. Ich entdecke im Frühling die Vorratsplätze und Winterquartiere, wo die wolligen Samenstände der Gelben Clematis (*Clematis tangutica*) zu schützenden Kissen zusammengedreht liegen und sich die Nussschalen türmen. Und selbst um das Vertikutieren muss ich mich im Schatten nicht kümmern, weil die Meisen das Moos aus dem Rasen picken, um im Briefkasten (der mittlerweile als solcher außer Betrieb genommen ist) ein Nest zu bauen. Das alles sind positive Zeichen, wie der Garten (und sogar das Wohnhaus) den Tieren ein Lebensraum wird.

1 Pflanzen Sie möglichst viele heimische Sträucher, die im Sommer und Herbst Beeren und Nüsse tragen.

2 Geben Sie der Fauna die Chance, in Ihrem Garten Moos und flauschige Samenstände zu finden und räumen Sie nicht allzu vorschnell und gründlich im Garten auf.

3 Formen Sie aus Maschendraht Herzen und füllen Sie diese mit Moos, ungesponnener Wolle und alten Federn aus Kopfkissen. Diese werden im Frühling in die Bäume gehängt, damit sich die Vögel Nestbaumaterial holen können.

4 Pflanzen Sie auch Nachtblüher wie die Nachtkerzen (*Oenothera*), die Nachtschwärmer mit ihren zitronengelben Blüten anlocken.

5 Vielfalt sollte im Blumenbeet groß geschrieben werden, damit das Angebot an Nahrung breit gefächert ist.

Unter der Krone des Kirschbaumes findet man an heißen Sommertagen ein angenehm schattiges Plätzchen zum Ausruhen.

Ein fruchtiger Hausbaum

Traditionell hat jeder Garten einen sogenannten Hausbaum. Dabei handelt es sich um ein Gehölz mit Stamm, das als Solitär seine Wirkung entfaltet. Dieser Baum war in früheren Zeiten bei größeren Bauernhöfen und Herrenhäusern ein Baum, der Nutzholz brachte. Er sollte wachsen und für den Fall, dass ein Brand das Haus zerstörte, quasi neues Holz zum Bau liefern. Es war eine Art Feuerversicherung. Heute werden häufig exotische Bäume mit besonderer Blüte oder auffälligen Blättern gepflanzt. Wer unschlüssig ist, sollte vielleicht einen klassischen Obstbaum als Hausbaum in die Überlegungen einbeziehen. Kirsche, Pflaume, Mirabelle, Quitte, Birne oder Apfel haben nicht nur wegen der köstlichen Früchte einen besonderen Wert, sondern sorgen auch mit attraktiven Blüten im Frühling für einen besonderen Blickfang. Sie helfen auch als eine Art Kalender im Rhythmus mit den Jahreszeiten zu leben. Das Besondere bei den Obstgehölzen ist die Möglichkeit, durch die jeweilige Unterlage, auf welche die Sorte veredelt wurde, den Wuchs des Baumes an die Situation anzupassen. Hat man viel Platz, wird ein Hochstamm gewählt. Ist man dagegen darauf angewiesen, auf wenigen Quadratmetern möglichst viele Gartenideen zu verwirklichen, hilft ein Halbstamm weiter. Bei der Sortenwahl geht es zum einen darum, eine möglichst gesunde, zugleich aber auch schmackhafte Sorte zu finden. Sie sollte roh ein gutes Aroma haben. Gleichzeitig sollte man sie gut verarbeiten oder lagern können. Dann ist der Baum zwar keine Feuerversicherung, aber eine kleine Vitaminversicherung für den Winter.

1 Die beste Pflanzzeit für Obstgehölze ist der späte Herbst. Die Bäume haben die Blätter abgeworfen und befinden sich in einer Ruhephase. Die Pflanzung stört also nicht und im Frühling, wenn das Wachstum einsetzt, wurzelt das Gehölz direkt ein.

2 Zunächst wird an einem zentralen, für den Hausbaum vorgesehenen Platz ein Pflanzloch gegraben. Dieses Loch sollte mindestens so tief sein wie der Ballen hoch ist. Den Grund der Pflanzstelle lockert man mit dem Spaten dreißig bis vierzig Zentimeter tief und arbeitet reife Komposterde unter. So können die Wurzeln leicht nach unten in den Boden wachsen.

3 Nun wird das Gehölz in das Pflanzloch eingesetzt und zwar so tief bzw. hoch, wie es zuvor auch in der Baumschule gestanden hat. Das erkennt man leicht an der Rinde. Man legt eine Holzlatte quer über das Pflanzloch, um daran den Baum auszurichten. Gegebenenfalls muss man den Ballen nochmals mit etwas Erde unterfüttern oder aber etwas tiefer graben.

4 Nun wird seitlich der Aushub aus dem Pflanzloch im Wechsel mit etwas abgelagertem Kompost aufgefüllt. Wichtig dabei ist es, dass der Stamm tatsächlich gerade sitzt. Damit er Halt hat beim Anwachsen, setzt man zusätzlich am besten einen Stützpfahl. An diesen wird der Stamm angebunden und zwar mit einer Sisal- oder Kokosschnur.

5 Die Erde wird mit einem kräftigen Wasserstrahl eingeschlämmt, allerdings nicht mit den Füssen angetreten, weil sonst die Erde zu stark verdichtet wird. In der Größe des Wurzelballens formt man einen kleinen Wall, der im Frühling das Gießen erleichtert, weil das Wasser tatsächlich nach unten sickert und nicht seitlich abfließt.

Immergrün und heimisch

Nadelgehölze und Immergrüne haben im naturnahen Garten einen eher zweifelhaften Ruf. Das ist leicht verständlich, wenn man bedenkt, dass viele exotische Nadelgehölze in unsere Gärten eingezogen sind. Sie sind nicht heimisch und bieten wenig Attraktionen für unsere Gartentiere. Darüber hinaus verbreitet sich mit Immergrünen eine gewisse Statik. Veränderungen im Rhythmus der Jahreszeiten kann man nicht ausmachen, weil es keine Blüte, keinen Austrieb, keine Herbstfärbung oder Ähnliches gibt. Hinzu kommt bei den Immergrünen, dass sie häufig geschnitten werden. Man verhindert durch regelmäßigen Rückschnitt, dass sich eine natürliche Wuchsform entfalten kann. Teddys, Kugeln, Säulen und andere Formen sind zwar ein Blickfang, aber nicht natürlich. Doch aus der Erfahrung, dass man früher viel zu viele Fichten, Buchsbäume und Kirschlorbeer in den Garten gepflanzt hat, sollte man nicht den Schluss ziehen, keine Immergrünen mehr zu verwenden. Im Gegenteil, dort wo Immergrüne zum Landschaftsbild gehören, kann man sie durchaus als verknüpfendes Gestaltungselement verwenden. Heimische Nadelgehölze mit Zapfen, wie Kiefer und Lärche, und Immergrüne mit Beeren wie Ilex und Eibe können auch wertvolle Nahrung für die Vogelwelt darstellen. Und im Winter stellt das dichte Laubkleid auch bei tiefen Temperaturen einen guten Schutz dar.

1 Pflanzzeit für Immergrüne ist der zeitige Herbst. Wichtig ist, dass die Pflanzen noch eigene Wurzeln bilden, solange der Boden warm ist.

2 Man bereitet ein ausreichend großes Pflanzloch vor und lockert den Grund des Lochs mit dem Spaten. Nun wird das Gehölz eingesetzt und gewässert.

3 Bei Nadelgehölzen versauert der Boden unter den Bäumen durch die abfallenden Nadeln. Daher ist dort wenig Unterpflanzung möglich. Kehren Sie die Nadeln zusammen und verwenden Sie sie, um für Rhododendren den pH-Wert abzusenken. Das funktioniert sehr gut.

4 Statt einer bodenbedeckenden Bepflanzung sollte man unter Nadelbäumen vielleicht eine Topfsammlung mit Funkien platzieren oder einen schattigen Sitzplatz einrichten.

Der immergrüne Buchsbaum ist ein Element, das auch im ländlichen Bauerngarten eine lange Tradition hat. In den letzten Jahren ist er sehr bekannt geworden, allerdings auch, weil es immer mehr Probleme mit Krankheiten und Schädlingen gibt. Vielfach wird vergessen, dass der geschnittene Buchs viele Nährstoffe braucht. Außerdem braucht er einen kalkhaltigen Boden. Das sind zwei

Aspekte, die für gesunde Pflanzen wichtig sind. Weiterhin sollte man aber auch nach Alternativen wie Stechpalme (*Ilex crenata*), Berberitze (*Berberis*) und Kräuterpflanzen als Einfassung Ausschau halten.

TIPP

Wacholder (*Juniperus*) zählt zu den Zwischenwirten des Birnengitterrostes. Diese Pilzkrankheit, die Birnenbäume schwächt, sollte nicht gefördert werden. Daher sollte man Juniperus aus dem Repertoire der in Frage kommenden Gehölze herausnehmen.

Die malerischen Rosetten von Sempervivum kommen mit
wenig Erde aus und sind garantiert winterhart.
←—«

Donnerwurz für Töpfe

Es ist eine gute alte Tradition, dass man auf die Mauerpfosten eines Eingangstores Hauswurz pflanzt. Botanisch heißen die kleinen Steingartenstauden Sempervivum, und sie bilden sehr gleichmäßige Rosetten aus fleischigen Blättern. Mit ihrer Wurzel können sie in Fugen und Ritzen gut Halt finden. Es sind typische Pflanzen aus den Hochgebirgen. Seitlich bilden diese Pflanzen kleine Tochterrosetten. Wenn eine Rosette blüht, dann streckt sich der kugelige Blattkörper und auf einem etwa 10 Zentimeter hohen Stiel stehen zahlreiche rosafarbene Blüten. Der Aberglaube schrieb diesen Pflanzen die Kraft zu, Unheil und Schaden von einem Haus abwenden zu können. Lässt man die Tradition wieder aufleben, bekommt man eine pflegeleichte und dauerhafte hübsche Bepflanzung des Eingangs.

1 Zunächst wählt man ein flaches, winterfestes Gefäss für die Bepflanzung aus. Es sollte unbedingt ein Abzugsloch auf dem Boden haben. Darüber legt man eine Tonscherbe, um ein Ausschwemmen von Substrat zu verhindern.

2 Als Substrat stellt man sich am besten selbst eine Mischung aus einem Teil Splitt, einem Teil Aussaatsubstrat und einem Teil Sand her. Wichtig ist, dass die Mischung möglichst nährstoffarm ist, damit die Pflanzen kompakt und langsam wachsen.

3 Nun setzt man je nach Größe des Gefäßes zwei bis drei Sempervivum-Pflanzen ein. Ist der Ballen zu hoch, klopft man von unten Erde vom Ballen ab und kürzt gegebenenfalls auch die Wurzeln etwas ein. Im Gefäß sollten durchaus noch Lücken sichtbar sein, die man mit Tonscherben oder größeren Steinen abdecken kann. Sie ermöglichen, dass sich die Pflanzen langsam vermehren und das Gefäß natürlich überwachsen wird.

In Staudengärtnereien findet man ein großes Angebot an verschiedenen Dachwurz-Arten und -Sorten. Die Variation liegt in der Größe der Rosetten und in der Farbe, zum Teil können die Rosetten auch filzig behaart sein. Alternativ kann man auch kleinbleibende Fetthennen (*Sedum*) und Steinbrech-Arten (*Saxifraga*) in die Schalen pflanzen. Sie sind vergleichbar in den Ansprüchen und vor allem können sie sich selbst gut versorgen.

Eine Wiese voller Erdbeeren – paradiesisch

Nicht nur mit Kindern ist es verlockend, Erdbeeren aus dem eigenen Garten ernten zu können. Aber der Anbau von Erdbeeren ist mit einem großen Nachteil verbunden. In der Regel werden die Pflanzen in Reihen gesetzt. Das bedeutet, die Zwischenräume sind groß, und man muss hier mulchen und Unkraut fern halten. Viel natürlicher ist der Erdbeeranbau, wenn man eine Erdbeerwiese pflanzt. Hierfür gibt es die Sorte `Florika`, die eine Kreuzung aus Wald- und Kulturerdbeere ist. Sie kann flächig verwendet werden und bedeckt den Boden vollständig, weil sie Ausläufer bildet. Sie ist beispielsweise sehr praktisch, um Hänge zu befestigen, und verhindert, dass sich Unkraut ausbreitet und die Erde ungeschützt liegt. Die Blütezeit von `Florika` dauert von April bis Juni, entsprechend sind bei guter Witterung ab Ende Mai die ersten köstlichen Früchte reif. Sind alle Beeren abgeerntet, kann die Fläche einmal mit dem Rasenmäher oder Freischneider komplett zurückgeschnitten werden. Zwischen den Pflanzen wird reife Komposterde verteilt und anschließend treiben die wintergrünen Erdbeerpflanzen erneut aus.

1 Vor der Pflanzung wird der Boden einmal gelockert und mit Humus verbessert. Ideale Zeiten, eine Erdbeerwiese anzulegen, sind das Frühjahr oder Ende Juli bis Anfang August.

2 Man rechnet einen Pflanzabstand von 25 Zentimetern zwischen den Pflanzen und benötigt entsprechend 16 Pflanzen pro Quadratmeter. Sie werden zunächst ausgelegt auf der Fläche und dann mit dem Handspaten gesetzt.

3 In den ersten Wochen wässert man gründlich, um das Anwachsen zu fördern und damit sich die Fläche rasch schließt.

Diese bodenbedeckende Erdbeere kann auch unter Beerenobststräuchern oder als Unterpflanzung von Hochstämmchen im Kübel verwendet werden.

Wie ein Bodendecker breiten sich die Erdbeeren aus und blühen üppig, so dass es eine reiche Ernte gibt.

3

Pflegen mit der Natur und nicht entgegen

Die Natur besteht aus Kreisläufen, die ineinander greifen. Wenn man gärtnert, macht es viel Sinn, diese Prozesse zu fördern und mit ihnen im Gleichtakt zu arbeiten. Hand in Hand mit der Natur kann zwar der Erfolg manchmal nicht gleich sichtbar sein, aber auf jeden Fall stellt er sich nachhaltig ein.

Das schwarze Gold – einfach unersetzlich

Für Gartenabfälle gibt es heutzutage in vielen Städten und Gemeinden eine Lösung: die Biotonne. Man behandelt alle Gartenabfälle wie Müll und entledigt sich dieser Stoffe. Wissen sollte man aber: Es sind Wertstoffe, die man dem Stoffkreislauf im Garten entzieht. Und man geht dann anschließend einkaufen, holt Dünger, Mulch und Blumenerde. Das ist ein anderer Kreislauf, den man mit diesem Verhalten aufrechthält. Viel effektiver wäre es, wenn man eine Kompostmiete im eigenen Garten anlegt. Der Kompost will selbstverständlich gefüllt und gepflegt sein. Das kostet gewiss Zeit, aber zum Einkaufen brauchen Sie darüber hinaus zumindest noch Geld, meist auch noch ein Transportmittel, und Verpackungsmüll wird gewiss auch entstehen. Kompost ist in vielen Köpfen etwas Unhygienisches und wird als Anziehungspunkt für Ungeziefer angesehen. Das kann sein, wenn man die Regeln nicht beachtet und den Kompost nicht pflegt. Ansonsten ist es eine wirklich gut funktionierende Umsetzung der anfallenden Gartenabfälle. Grundsätzlich sollte man immer verschiedene Abfälle miteinander mischen, damit die Größenverteilung der umzusetzenden Bestandteile optimal ist. Das heißt nie Rasenschnitt höher als fünf Zentimeter aufschichten. Wenn mehr davon anfällt, mischt man es mit der Grabegabel in

der Miete unter. Laub kann man gesondert kompostieren, wenn es im Herbst in großen Mengen anfällt (s. Seite 69). Nicht auf den Kompost gehören Pflanzenteile, die krank sind, weil man sonst für eine Ausbreitung sorgt. Weiterhin gibt man keine Wurzelunkräuter (z.B. Giersch, Quecke, Winde) auf den Kompost und möglichst auch keine Samenunkräuter, die bereits in Blüte sind. Ebenso gehören Fleischreste, Zitrusschalen und Bananenschalen nicht auf den Kompost. Wer Hühner hält, kann den Mist auf den Kompost geben. Ansonsten haben Exkremente nichts auf dem Kompost zu suchen.

1 Hat man die vorgesehene Fläche ausgewählt und eine Kompostmiete aus Holz oder Metall besorgt, schachtet man die Grundfläche etwa 15 cm tief aus. Nun legt man einen feinen Draht aus. Unten kann man nun Zweigschnitt legen, weil dieser für eine gute Belüftung von unten sorgt. Den Aushub kann man zum Mischen von eigener Erde (s. Seite 73) verwenden oder einfach immer mal ein paar Schaufeln mit in den Kompost geben. Will man Regenwürmer anlocken, so lesen Sie den Tipp auf Seite 112.

einer Mistgabel regelmäßig etwas zu durchmischen. Bei Trockenheit muss gegossen werden.

3 Ist die erste Miete voll, lässt man sie ruhen. Man deckt sie mit Erde, Gras oder Laub ab. Wenn es von der Jahreszeit gut passt, setzt man seitlich neben die Kompostmiete Kürbisse und lässt sie als Schattierung über den Kompost wachsen. Nach einem guten halben bis Dreivierteljahr ist die Rotte abgeschlossen und das schwarze Gold ist entstanden. Man sollte es jetzt sieben. So können grobe Bestandteile, die noch nicht zersetzt sind, wieder untergemischt werden, und man hat eine feine, nährstoffreiche Humusmasse, die als Bodenverbesserer und Dünger gute Dienste im Garten leistet.

2 Nun kann man immer die Pflanzenreste ebenso wie Kaffeesatz, Teebeutel sowie Reste vom Gemüseputzen auf den Kompost geben. Es ist von Vorteil, wenn man große Stücke von Pflanzen zerkleinert. Auf einem Hauklotz mit einem scharfen Messer oder im Häcksler wird die Oberfläche der Ausgangsstoffe zerkleinert. Im Anfang gibt man Kompostbeschleuniger dazu, später nimmt man einfach immer ein paar Schaufeln Komposterde zum Impfen. Außerdem wird Kalk und organischer Dünger dazugegeben. Auf letzteren kann man verzichten, wenn man Hühnermist hat. Auch hat es sich bewährt, die Materialien mit

Neben dem normalen Komposter aus Holz oder Metall werden auch Thermokomposter angeboten. Sie haben isolierte Wände, die für höhere Temperaturen und eine schnellere Umstetzung sorgen. Man gibt oben das Material hinein und kann über eine Klappe unten das reife Material entnehmen. Das funktioniert gut, wenn man den Kompost gleichmäßig befüllt und dafür sorgt, dass er auch mit Wasser versorgt wird, wenn er trocken wird. Ideal ist es, wenn man Bokashi-Kompost (s. Seite 76) in den Thermokomposter gibt.

TIPP / FLÄCHENKOMPOSTIERUNG

Ist das Beet im Gemüsegarten im Hochsommer abgeräumt und braucht eine Ruhephase, dann kann man entweder Gründünger (s. Seite 49) aussäen oder es flächig mit Kompostmaterial bedecken. Auch im Staudenbeet kann man zwischen den Horsten im Frühling einen Flächenkompost ausbringen. Dazu das Material, das eigentlich für die Miete gedacht ist, einfach in dünnen Schichten auf der Fläche ausbringen. Zusätzlich wird etwas Kalk und organischer Stickstoffdünger gestreut. Auch ein Kompoststarter ist denkbar. Nun wird die Rotte des Materials, das nicht höher als 10 Zentimeter aufgeschichtet werden sollte, beginnen. Bei starker Sonneneinstrahlung und Trockenheit sollte man gelegentlich wässern.

TIPP / LAUB KOMPOSTIEREN

Es gibt einige Blätter wie die von Nussbäumen und Eichen, die reich an Gerbstoffen sind und daher gesondert kompostiert werden sollten. Allerdings fällt Laub ohnehin in wenigen Wochen des Jahres in großen Mengen an, so dass sich eine gesonderte Kompostierung bewährt. Wer noch eine freie Miete hat, kann diese verwenden, oder man nimmt einfach schwarze Plastiksäcke. Das möglichst leicht feuchte, aber keinesfalls nasse Laub wird eingefüllt. Wer die Herbstblätter mit dem Rasenmäher einsammelt, hat den Vorteil, dass sie durch das Messer vorzerkleinert werden. Immer mal wieder gibt man etwas Kompostbeschleuniger oder ein paar Schaufeln reife Komposterde dazu, um die Umsetzung zu starten. Ist der Sack voll, wird er zugebunden, und mit einem Messer sticht man Löcher gleichmäßig hinein. Nun lässt man die Säcke einfach in einer Ecke stehen. Schon im Frühling ist die Masse deutlich zusammengesackt, und man kann sie ab dem Sommer für die Pflege der Baumscheibe (s. Seite 98) und zum Mulchen (s. Seite 88) verwenden. Nur für Eichen- und Nusslaub braucht man meist ein paar Monate länger. Lauberde zeichnet sich durch eine sehr feine und gleichmäßige Humusstruktur aus.

70

Unter einem Holzbrett entdeckt man morgens jede Menge
Schnecken und kann sie einsammeln.

Sammelstelle für die Schnecken

Kaum ein Schädling bereitet Gärtnerinnen und Gärtnern so anhaltend Probleme wie die Schnecken. Sie sitzen im Boden, und wenn im Frühling der erste zarte Austrieb von Sommersalbei, Astern und Dahlien durch die Erde brechen will, sind sie zur Stelle und stillen ihren Hunger an dem zarten Grün. Und wenn die Aussaat von Einjährigen, Salat und Kräutern das erste Grün zeigt, sind sie auch hier zur Stelle. Alles, worauf man sich mit viel Hoffnung gefreut hat, machen die mitunter winzig kleinen Schnecken innerhalb von einer Nacht zunichte. Wenn der Winter wirklich sehr kalt war, dann ist Hoffnung, dass die Schnecken vielleicht nicht alle durchgekommen sind. Aber bei einem milden Winter? Keine Hoffnung. Natürlich gibt es Schneckenkorn oder Salzstreuer. Für viele sind diese Lösungen nicht befriedigend. Sammeln und in die Biotonne geben, ist dann vielleicht schon eher eine Möglichkeit. Hierfür gibt es einen Trick: Man legt Sammelstellen an. Nachts sind Schnecken aktiv und übertags ziehen sie sich an dunkle, feuchte Stellen zurück. Diese kann man gezielt bauen:

1 Unbehandelte Holzbretter von einer Größe eines halben DIN A4 Blattes können für das Sammeln ebenso gut verwendet werden wie ausgepresste Orangen- oder Grapefruithälften.

2 Die Bretter legt man in einen Eimer mit Wasser oder in einen anhaltenden Regen, damit sie sich anfeuchten.

3 Nun werden die Zitrushälften (mit der offenen Seite nach unten) und Bretter in den Beeten locker auf den Boden ausgelegt.

4 Am Vormittag kann man sie nun hochheben und findet darunter jede Menge Schnecken, die sich leicht absammeln lassen.

Schnecken werden auch von Igeln und verschiedenen Vögeln vertilgt, daher sollte man die Tierwelt im Garten insgesamt stärken und so dafür sorgen, dass die Schnecken nicht überhand nehmen.

TIPP

Schnecken legen Eier in größeren Einheiten ab. Findet man bei der Bodenbearbeitung oder beim Pflanzen im Frühjahr diese an Perlen erinnernden Gelege, so sollte man sie natürlich auch entfernen, um die Fraßschäden gering zu halten.

Aber bitte frei von Torf

Torf ist ein Naturprodukt, das bei Gärtnern einen hohen Stellenwert besitzt. Man kann mit dem rein organischen Material dem Boden in hohem Maße Humus zuführen, so dass der Boden locker wird, Luft und Wasser gut speichern kann und so das Pflanzenwachstum positiv beeinflusst. Außerdem ist Torf relativ leicht und daher für den Transport sowie die Kultur von Pflanzen in Töpfen gut geeignet. Es gibt nur einen gravierenden Nachteil: Mit dem Torfabbau werden Moore zerstört, es wird viel Kohlendioxid freigesetzt und die Renaturierung der Ökosysteme braucht viel Zeit. Nun kann man natürlich die Haltung vertreten, dass man als Hobbygärtner ja eigentlich nur ganz wenig Torf im Vergleich zu großen Gärtnereien verbraucht. Doch einer muss den Anfang machen, und wenn man ohnehin wenig braucht, kann man eigentlich auch ganz darauf verzichten. Eine Lösung sind torffreie Substrate. Bei diesen wird die organische Masse durch Reisspelzen, Kokosfasern oder

Industriekompost ersetzt. Das ist eine Möglichkeit. Allerdings gibt es auch hier Nachteile. Kokosfasern und Reisspelzen sind zwar feine, organische Strukturen, allerdings können sie Wasser nur schwer speichern. Das heißt, man muss mit dem Gießen sehr viel achtsamer sein. Außerdem kann die Salzkonzentration höher sein, so dass empfindliche Pflanzen wie Begonien, Fuchsien oder auch Hortensien damit nicht besonders gut klar kommen. Die Lösung liegt viel mehr in der eigenen Erdmischung aus Gartenerde, reifem Kompost, Sand und Bentonit. So kommt man auch dazu, nach der Saison die Erde aus Kübeln, Kästen und Töpfen mit etwas mehr Behutsamkeit als wertvoll anzusehen und sie tatsächlich auf dem Kompost in den Kreislauf zurückzuführen oder dafür zu verwenden, den Boden in Pflanzlöchern zu verbessern.

1 Zum Mischen der Erde benötigt man eine Schaufel, eine große Mörtelwanne, abgelagerten Kompost, Gartenerde, Sand, Bentonit und Langzeitdünger.

2 Die Mischungsverhältnisse von Kompost, Gartenerde und Sand hängen vor allem von der Gartenerde ab. Ist sie sehr lehmig, verwendet man einen Teil Gartenerde, zwei Teile Kompost und fügt einen Teil Sand hinzu. Auf Bentonit kann man verzichten. Bei sandigem Gartenboden verzichtet man auf den Teil Sand und gibt pro 25 l Erde eine Handschaufel Bentonit mit in die Mischung. Bei einem durchschnitlichen Gartenboden mischt man Gartenerde, Kompost und Sand zu gleichen Teilen.

3 Ideal ist eine längliche Wanne, in die man die Bestandteile in Schichten dünn ausbringt. Mit der Schaufel macht man nun Drehbewegungen von links nach rechts und anschließend von rechts nach links, um alles gut miteinander zu vermischen. Anschließend kann die Erde verwendet werden.

Selbst gemischte Erde wird am besten mit Langzeitdünger für Kübel- und Balkonpflanzen verbessert. Sie kann durchaus auch zwei Jahre verwendet werden, wenn man sie im Frühjahr mit etwas Kompost und Dünger wiederaufbereitet.

TIPP

Für Pflanzen in großvolumigen Containern wird häufig viel Torf verwendet. Das sollte man beim Einkauf berücksichtigen und lieber zu Jungpflanzen, die man selbst weiterkultiviert, greifen. Das gilt vor allem für Stauden: Rittersporn beispielsweise lieber im Frühling pflanzen und nicht im Frühsommer blühend kaufen.

Natürliche Pflanzenstützen

Reich verzweigte Haselnussruten sind perfekte Pflanzenstützen. Die Zweige, die man im eigenen Garten ernten kann, wenn man einen oder mehrere Haselnusssträucher zum Beispiel in die Wildhecke (s. Seite 15) pflanzt, wirken unauffällig und geben Stauden, die keinen ganz festen Stand haben, sicheren Halt. Zwar gibt es mittlerweile eine ganze Reihe von Staudenhaltern, die mit ihrer dunkelgrünen Farbe optisch nahezu verschwinden, aber die Methode mit den Ruten hat für das naturnahe Gärtnern den besonderen Charme, dass man das Material aus dem Garten erntet und es einfach wieder verrottet, wenn die Haltekraft nachlässt. Der Grund, warum man Haselnussruten verwendet, liegt darin, dass diese Ruten sehr stabil sind und eine gleichmäßige, breite Verzweigung haben, so dass ein sicherer Stand gewährleistet wird. Außerdem bilden die Zweige keine Wurzeln, auch wenn man sie frisch in die Erde steckt. Dies würde bei vielen anderen Zweigen der Fall sein.

1 Zwei- bis dreijährige Haselnusszweige, die eine gleichmäßige und breite Verzweigung aufweisen, werden im Winter geschnitten. Im unbelaubten Zustand kann man den Aufbau am besten beurteilen. Die Stützen sollten insgesamt eine Länge von etwa einem Meter haben.

2 Im unteren Drittel werden die Seitenzweige entfernt. Anschließend spitzt man die Stützen mit einem scharfen Messer an, damit man sie leicht in die Erde stecken kann.

3 Nach dem Rückschnitt der Stauden im Frühjahr werden die Stützen in den Horst hineingesteckt. Ein Horst mit einem Durchmesser von etwa 30 cm kommt mit einer Stütze meist aus. Sind die Stauden älter und größer, werden ein bis zwei hineingesteckt, und zwar am besten von den Rändern her.

4 Die wachsenden Triebe können nun in das Geäst hineinwachsen und finden leicht Halt. Gegebenenfalls kann man sie auch etwas leiten und führen.

5 Staudenstützen sind ideal für Herbstastern (*Aster*), Katzenminze (*Nepeta*), Duftwicken (*Lathyrus*), Sommerphlox (*Phlox*), Präriekerzen (*Gaura*) und Spornblumen (*Centranthus*).

Wer selbst keine Haselnusssträucher im Garten hat, sollte Ausschau halten, wo Hecken auf den Stock gesetzt werden, oder Besitzer von Haselnusssträuchern fragen. Keinesfalls sollten die Zweige während der Blüte im Februar geschnitten werden, weil die Pollen besonders wertvoll für die frühen Insekten sind.

Fermentieren statt Kompostieren

Nicht nur im Garten fallen jede Menge organische Abfälle an. Auch in der Küche kommt durch die Abfälle beim Obst- und Gemüseputzen, durch Tee- und Kaffeereste sowie Eierschalen viel Wertvolles zusammen. Diese Pflanzenreste können wie auch welke Blätter und Blüten vom Balkon in einem geschlossenen Eimer kompostiert werden. Der Vorteil besteht darin, dass sich zwar ein säuerlicher, aber kein unangenehm fauliger Geruch bildet. Er ist durch den geschlossenen Eimer nicht wahrnehmbar, und so kann man den sogenannten Bokashi-Eimer in der Küche, im Keller oder auf dem Balkon aufstellen. Der Eimer zeichnet sich dadurch aus, dass er im unteren Drittel seiner Höhe einen Ablaufhahn hat. So kann man entstehende Säfte ablassen und breits als Düngerzusatz dem Gießwasser beimischen. Die Umsetzung im Bokashi-Eimer beruht auf der Fermentation der pflanzlichen Abfälle. Es ist eine Art Milchsäuregährung, die in dem Eimer in Gang kommt. Ein deutliches Indiz hierfür ist der säuerliche Geruch. Bei der Milchsäuregährung, die auch beim Haltbarmachen von Gemüse wie Sauerkraut eine wichtige Rolle spielt, wird verhindert, dass die Zellen der Pflanzen zerstört werden. Daher bleibt alles ansehnlich und behält die Farbe. Ohne die Milchsäuregährung werden die Pflanzenteile braun und beginnen schnell zu faulen. Wer also den Bokashi-Eimer füllt und sich wundert, dass nach ein bis zwei Wochen alles nahezu unverändert scheint, hat alles richtig gemacht.

1 Man braucht in erster Linie einen Eimer mit einem Auslasshahn. Ein solches Modell kann man kaufen oder aus einem alten Farbeimer und einem einfachen Hahn selbst bauen. Außerdem braucht man noch eine Startermischung für Bokashi mit den Milchsäurebakterien.

2 Kartoffelschalen, Salatblätter und alle möglichen Abfälle aus der Obst- und Gemüseküche werden möglichst vor dem Einfüllen in den Eimer nochmals zerkleinert. Im Eimer stampft man die Abfälle zusammen.

3 Milchsäurebakterien sind überall in der Luft vorhanden, aber um die Fermentierung in Gang zu bringen, macht es Sinn, geimpfte Getreidespelzen auf die Abfälle zu streuen. Anschließend kann der Deckel geschlossen werden, bis die nächsten Abfälle darübergegeben werden.

4 Nach ein bis zwei Wochen wird der Hahn geöffnet, um Flüssigkeit, die sich am Boden gesammelt hat, abfließen zu lassen. Es handelt sich um Pflanzensäfte, die durchaus als Dünger genutzt werden können.

5 Ist der Eimer voll, lässt man ihn stehen, damit auch die oberen Schichten fermentieren und anschließend kann man die Reste entweder auf den Kompost geben oder direkt in den Boden einarbeiten, damit nun die Umsetzung mit Hilfe der Bodenlebewesen in Gang kommt.

Das Ausbringen von Bokashi-Kompost fördert die Vielfalt der Bodenlebewesen und sorgt für eine reiche Nährstoffzufuhr im Boden.

Rückschnitt im Frühling

Es kostet am Anfang durchaus Überwindung, wenn man im Herbst keinen großen Herbstputz macht und alles zurückschneidet. Dabei wäre es doch jetzt die Zeit, alles in Ordnung zu bringen. Was für uns nach Ordnung aussieht, nimmt uns nicht nur die schönen Eindrücke von winterlichen Pflanzenstrukturen, die vom Raureif überzuckert werden, sondern auch den Gartenbewohnern ihre Nahrungsquellen und Rückzugsräume. Dabei geht es vor allem darum, dass man dichte Pflanzenstrukturen, Frucht- und Samenstände stehen lässt. Singvögel kommen, um sich zu stärken; bei eisigen Winden suchen sie ebenso wie andere Gartenbewohner Schutz unter den Blättern und Trieben. Gleichzeitig schützt die Pflanzendecke den Boden und verhindert, dass er den Witterungseinflüssen vollkommen ungeschützt ausgesetzt ist. Es gibt nur einige Ausnahmen, die man jetzt unbedingt aus dem Beet entfernt. Dabei handelt es sich um Pflanzen, die im Laufe des vergangenen Gartenjahres stark von Schädlingen oder Krankheitserregern befallen waren. Ebenso werden die Blütenstände von Herbstastern und Sommerphlox zurückgeschnitten, wenn man eine ganz besondere Sortenwahl getroffen hat und verhindern möchte, dass sich diese durch Selbstaussaat der Pflanzen vermischt.

1   Es ist nicht ganz einfach, den richtigen Zeitpunkt für den Rückschnitt im Frühjahr zu bestimmen. Ein guter Anhaltspunkt sind Narzissen und Kornelkirschen. Wenn die Narzissen, die an zugigen, ungeschützten Stellen wachsen, ihre Blätter gut fünf Zentimeter aus dem Boden geschoben haben und die Kornelkirschen in voller Blüte stehen, wird es Zeit für den Rückschnitt.

2   Solange sich nämlich noch nichts regt, kann man für den Rückschnitt grobes Werkzeug wie Freischneider und Heckenschere verwenden. Die Horste werden alle auf eine Höhe zurückgeschnitten.

3   Das Schnittgut kann gleich noch etwas zerkleinert werden und dann auf den Kompost gegeben werden. Alternativ kann es zum Mulchen verwendet werden.

4   Wenn der Winter nass und feucht war, lässt man nun die Stauden- und Gräserhorste ein paar Tage abtrocknen und gibt dann reife Komposterde vor allem in die Mitte, um das Herz der Staude mit vielen Nährstoffen zu versorgen.

5 Anschließend kann man die Stauden-stützen (s. Seite 74) aufstellen. Und die Zwischenräume zwischen den Stauden können mit dem Schnittgut gemulcht werden. So ist alles geschützt, falls es doch nochmals einen späten Kälteeinbruch gibt.

Manchmal gehört etwas Mut dazu, anders als die meisten anderen Gärtner die Staudenbeete bis zum Frühjahr stehen zu lassen. Während aber im Herbst viel zu tun ist, freut man sich zum Ende des Winters, wenn man rausgehen und aufräumen kann. Meist entdeckt man dabei, dass sich schon Einiges regt.

Gute Partner

Staudenphlox zählt zu den Klassikern des Bauerngartens. Er duftet und blüht in bunten Farben. Doch die Freude an dieser bezaubernden Staude wird durch sogenannte Wurzelälchen getrübt. Diese kleinen Fadenwürmer befallen die Pflanzen und sind im Anfangsstadium daran zu erkennen, dass die Blätter und Stängel deformiert sind. Dadurch wird die Pflanze geschädigt und ihre Wüchsigkeit lässt nach. Auch im Gemüsebau kennt man Probleme mit bodenbürtigen Nematoden. Möhren, Kartoffeln, Erdbeeren und Obstgehölze werden durch die Fadenwürmer geschädigt. Während die meisten anderen Fadenwürmer im Boden eher als nützlich eingestuft werden, muss man bei diesen Kulturen etwas vorsichtig sein. Bewährt haben sich zwei Zierpflanzen, die mit Wurzelausscheidungen gegen diese Wurzelälchen wirksam sind. Es handelt sich um Ringelblumen (*Calendula*) und Studentenblumen (*Tagetes*).

1 Ringelblumen und Studentenblumen zählen zu den Einjährigen, die man selbst aus Samen ziehen kann.

2 Bei Ringelblumen kann man direkt die Samen säen.

3 Studentenblumen brauchen eine Vorkultur, weil sie für die Entwicklung am Anfang viel Wärme benötigen. Man kann sie im April auf der Fensterbank aussäen und in der zweiten Maihälfte die Sämlinge direkt an Ort und Stelle pikieren

4 Man pflanzt die guten Partner zwischen befallene Pflanzen und auf Flächen, auf den befallene Pflanzen gestanden haben. Kauft man ein, kann man auch vorbeugend Tagetes und Ringelblumen in die Pflanzung integrieren. So verhindert man, dass man die Schädlinge über das Pflanzgut einschleppt.

5 Wird die Pflanzung im Laufe des Sommers zu dicht, können die Einjährigen einfach etwas zurückgeschnitten werden.

Weitere nützliche Pflanzenpartner sind Lavendel und Rosen, Bohnen und Bohnenkraut, Möhren und Zwiebeln, Wermut und Johannisbeersträucher, Kohl und Salat sowie Knoblauch und Erdbeeren bzw. Rosen.

Studentenblumen haben sich zur Bekämpfung von Fadenwürmern im Boden bewährt.

Brennnesseln wachsen dort, wo es viel Stickstoff gibt, und eignen sich gut für einen stärkenden Aufguss.

←—«

83

Zaubertrank aus eigener Herstellung

Wenn im Garten Krankheiten oder Schädlinge auftreten, dann ist man versucht, gleich nach etwas richtig Wirksamen zu suchen. Doch eigentlich muss man sich die Frage stellen: Warum ist die Pflanze krank geworden? Welche falschen Bedingungen, welche Witterungseinflüsse, welcher Mangel hat den Schaden verursacht? Und dann geht es nicht darum, die Probleme unsichtbar zu machen, sondern der Pflanze wieder „auf die Beine zu helfen". Die Natur selbst hat hier eine ganze Reihe von Möglichkeiten, die sie bereit hält. So wie der Mensch in der Pflanzenwelt eine reiche Apotheke gefunden hat, entdeckt man auch pflanzliche Stoffe, die gegen Schädlinge und Krankheitserreger helfen.

1 Ein Auszug wird aus Blättern und kaltem Wasser hergestellt. Die Pflanzenteile ziehen einige Stunden und dürfen auf keinen Fall zu gären beginnen. Die Blätter werden abgesiebt und der Auszug in der jeweiligen Verdünnung ausgebracht.

2 Ein Tee wird hergestellt, indem frische oder trockene Blätter mit kochendem Wasser überbrüht werden. Nach 10 bis 15 Minuten seiht man die Feststoffe ab. Tee kann meist unverdünnt verwendet werden

3 Bei der Herstellung einer Brühe köchelt die Wasser-Pflanzen-Mischung über eine längere Zeit. Nach dem Abkühlen wird alles gesiebt und die Brühe mit Wasser verdünnt ausgebracht.

4 Eine Jauche entsteht, wenn man Pflanzenteile und Wasser so lange zusammenstehen lässt, bis die Gärung in Gang kommt. Das ist daran zu erkennen, dass die Mischung schäumt. Es ist erforderlich, dass man eine Jauche einmal am Tag umrührt und so Sauerstoff eingerührt wird. Gegen den Geruch kann man die Jauche mit Gesteinsmehl bestäuben. Vor der Verwendung mus seine Jauche im Verhältnis 1:10 mit Wasser gemischt werden.

In der Regel werden die Pflanzen mit Blättern vor der Blüte verwendet, weil sie dann besonders reich an Inhaltsstoffen sind. Nur beim Rainfarn wird die blühende Pflanze verwendet. Man kann alle Heilkräuter im Garten oder am Wegesrand ernten. Wer dazu keine Möglichkeit hat, verwendet getrocknete Kräuter, die man in Kräuterhäusern, Drogerien oder Apotheken

84

Rainfarn wird klein geschnitten in einen Eimer gegeben und
dann zu einer Brühe oder einem Tee verarbeitet.

»——→

bekommt. Grundsätzlich macht es Sinn bei Pilzkrankheiten und wiederkehrend auftretenden Schädlingen nicht zu warten, bis der Befall zu sehen ist, sondern vorbeugend zu handeln. Für die Ausbringung ist trockene Witterung bei Windstille von Vorteil, weil man keine Verdünnung bzw. Abspülung durch Regen oder Abdrift hat. Der Klassiker der Pflanzenauszüge ist die Brennnesseljauche. Sie wird als nahrhafte und stärkende Lösung vor allem im Frühjahr gegossen. Die stickstoffreiche Lösung verbessert auch die Bodenstruktur und lockt Regenwürmer an. Es gibt einige Pflanzen, die keine Brennnesseljauche vertragen. Zu ihnen zählen Bohnen, Erbsen, Zwiebeln und Knoblauch.

Wer die Vorzüge erkannt hat und sich auf die Kräuterkunde versteht, kann auch aus Heil- und Würzkräutern Jauchen zur Stärkung der Pflanzen herstellen. Mischungen aus Pfefferminze, Ysop, Kamille und Löwenzahn können ebenso wie Schnittlauch und Salbei verwendet werden. Dabei kann man selbst Erfahrungen sammeln, welche Auszüge das Wachstum positiv beeinflussen.

PFLANZE	WIRKUNG	VERWENDUNG
Brennnessel	Insektenabwehr, Stärkung der Widerstandskraft	Jauche, Brühe
Beinwell und Comfrey	Insektenabwehr, Stärkung der Widerstandskraft	Jauche, Brühe
Ackerschachtelhalm	vorbeugend gegen Pilzkrankheiten	Brühe
Farnkraut	Schild-, Schmier-, Blutläuse, gegen Kalimangel, Rostbefall	Jauche, Brühe
Rainfarn	Ungeziefer, Rost, Metall	Jauche, Brühe, Tee
Wermut	Kohlweißling, Läuse, Säulenrost an Johannisbeeren, Raupen, Ameisen	Jauche, Brühe, Tee
Tomate	Kohlweißling	Auszug
Zwiebel/Knoblauch	Stärkung der Abwehrkräfte, gegen Pilzkrankheit, Milben	Jauche, Tee

Knoblauch – vertreibt nicht nur Vampire

Blattläuse sind nicht besonders gefährlich für die Pflanzen, aber vor allem für den Menschen eklig. Dieses Gefühl wird vor allem dadurch ausgelöst, dass die kleinen Insekten von einem auf den anderen Tag massenhaft auftreten. Jetzt kann man darauf setzen, dass sich entsprechend schnell die natürlichen Feinde breit machen. Florfliegenlarven, Ohrwürmer, Marienkäfer, Meisen und Larven von Schwebfliegen machen sich rasch gegen die Plage stark und dezimieren die Läuse fast so schnell, wie sie gekommen sind. Doch dieser Kreislauf funktioniert vor allem im Garten und in der freien Natur. Auf dem Balkon dagegen kann der Erfolg ausbleiben, weil die tierische Vielfalt geringer ist, aber der Wind die Blattläuse an die Pflanzen getragen hat. Wer diese Überraschungen vermeiden will, der steckt direkt nach der Bepflanzung von Kästen und Kübeln Knoblauch. Die Zehen verbreiten über das Substrat ätherische Öle, die verhindern, dass sich die Blattläuse niederlassen.

1 Man verwendet eine unbehandelte Knoblauchknolle, von der man einzelne Zehen ablöst.

2 Nach der Bepflanzung eines Balkongefäßes werden die Zehen in die Zwischenräume gesteckt. Dabei sollte man die Kästen mit empfindlichen Pflanzen wie Margeriten und Kapuzinerkresse etwas dichter bestücken.

3 Man kann die Knoblauchzehe treiben und wachsen lassen. Im Spätsommer kann man dann mal schauen, ob sich vielleicht sogar eine kleine Knolle gebildet hat und diese an der frischen Luft trocknen lassen. Hat man ein hochwertiges Substrat, kann der Knoblauch bedenkenlos verzehrt werden.

Sind die Pflanzen bereits befallen, hilft die Knoblauchzehe nicht mehr. Hier ist es sinnvoll, die Läuse mit einem kräftigen Wasserstrahl abzuspritzen. Die Methode mit den Knoblauchzehen ist auch für empfindliche Zimmerpflanzen geeignet.

Eine geschlossene Bodendecke

Der Boden braucht einen ganz besonderen Schutz, weil er in verschiedener Hinsicht die Grundlage des pflanzlichen Lebens ist. Er ist Speicher für Nährstoffe, Luft und Wasser. Er gibt den Wurzeln Halt und ermöglicht ihr Wachstum, wenn die Bedingungen gut sind. Mit einem großen Wurzelkörper kann die Pflanze gut versorgt werden. Schaut man sich in der Natur um, so sieht man, dass die Pflanzendecke überwiegend geschlossen ist. Nun ist es bei der gärtnerischen Kultur des Bodens nicht immer möglich, dass der Boden tatsächlich durch Pflanzen abgedeckt wird. In einem solchen Fall wird er angegriffen und leidet. Er trocknet schnell aus, Regentropfen prasseln auf die Erde und verdichten die oberen Schichten. Bei starkem Regen wird das Erdreich abgeschlämmt. Wind trägt die feinen Partikel weg. UV-Strahlen zerstören das Bodenleben. Natürlich ist dort, wo keine Kulturpflanze wächst, Platz für Wildpflanzen. Das ist zwar zunächst einmal auch ein Schutz, aber vom Gärtner nicht immer gern gesehen. Eine Mulchdecke ist ein guter Kompromiss, den Boden zu schützen, und pflegt ihn darüber hinaus, wenn man tatsächlich organische Masse zum Mulchen verwendet. So können nämlich die Eigenschaften des Bodens durchaus verbessert werden, weil Humus zugeführt wird. Das Bodenleben wird aktiviert, die Nährstoffbilanz verbessert und die Decke schützt vor Wind, Licht und Wasser.

1 Zum Mulchen kann man Herbstlaub, gehäckselte Staudenabfälle, Komposterde und Rasenschnitt verwenden. Bei letzterem soltle man aber darauf achten, dass die Schicht leicht mit gröberen Materialien vermischt wird, weil die feinen Halme nur allzuleicht verkleben und eine undurchlässige, faulige Schicht bilden.

2 Das Material wird handbreit hoch auf dem Boden verteilt. Sind die Pflanzenteile noch nicht verrottet, sollte man immer etwas organischen Dünger zufügen, damit für die Umsetzung des Mulchs genügend Stickstoff zur Verfügung steht. Wenn die Schicht zusammengeschrumpft, also verrottet ist, wird neuer Mulch ausgebracht.

3 Wer keine eigenen Mulchmaterialien im Garten hat, der kann abgelagerten Rindenmulch verwenden. Er verrottet nur langsam und trägt nur wenig dazu bei, dass tatsächlich der Humusgehalt des Bodens verbessert wird und dadurch auch die Wasserhaltefähigkeit, die Nährstoffbilanz und das Bodenleben gefördert werden.

Mulch mit dicken Kieselsteinen oder Bruch-steinen, wie man es häufig in Vorgärten sieht, ist keine Bodenpflege, sondern eine Unart. Es hat nichts mit einem biologisch wertvollen Gärtnern zu tun und sollte nicht mit der hohen Kunst, einen Kiesgarten anzulegen, der von einer ganz besonderen Pflanzenwelt gekennzeichnet ist, verwechselt werden.

90

Dort wo sich die Brennnesseln Licht verschaffen, sollte man
sie gewähren lassen, weil sie durchaus nützlich sind.

»——→

Von wegen Unkraut

Pflanzen, die sich wild verbreiten, werden vielfach als Unkraut bezeichnet. Sät sich eine Zier- oder Nutzpflanze von alleine aus, ist es ein kleiner Erfolg, der stolz macht und Anlass zur Freude ist. Wenn aber eine Brennnessel wächst, dann werden gleich jede Menge Geschütze dagegen aufgefahren. Nun ist die Brennnessel nicht dekorativ, und wenn man sie berührt, löst sie einen stechenden Schmerz aus. Aber man sollte mit einer gewissen Achtsamkeit an die Sache herangehen. Um es mit den Worten des Philosophen und Schriftstellers Ralph Waldo Emerson (1803–1882) auszudrücken: Als Unkraut werden solche Pflanzen bezeichnet, deren Nutzen man noch nicht erkannt hat. Um beim Beispiel der Brennnessel zu bleiben, könnte man jetzt eine ganze Reihe von Vorzügen und Nutzungsweisen aufzählen. Die Brennnessel ist essbar und wirkt entwässernd. Häufig wird sie bei Frühjahrskuren empfohlen. Sie zeigt Standorte mit einem hohen Stickstoffgehalt des Bodens an. Brennnesseln nutzen Gärtnerinnen und Gärter, um Pflanzenauszüge bzw. -jauche (s. Seite 83) herzustellen. Mit diesen werden Pflanzen gestärkt. Und auf Brennnesseln lebt eine ganze Reihe von verschiedenen Schmetterlingsraupen. Das Fazit macht die Pflanze zwar nicht zu einer Schönheit, aber sie hat ihren festen Platz in den gärtnerischen Kreisläufen. Was also tun?

1 Im Blumenbeet hat die Brennnessel sicher nicht ihren Platz. Sie sollte aber nicht nur mit Wurzel entfernt werden, sondern man sollte es als Zeichen sehen, dass die Bepflanzung an dieser Stelle von großen Zwischenräumen geprägt ist. Also werden hier zumindest Einjährige gepflanzt, um die Pflanzendecke zu schließen und den nährstoffreichen Boden nicht ungenutzt zu lassen. Man kann auch Salat oder Zierkohl setzen.

2 Brennnesseln, die man entfernt, kann man nutzen, um einen Aufguss oder eine Jauche herzustellen und andere Pflanzen damit zu stärken. Die Jauche ist vor allem nährstoffreich und kann daher gut zur Versorgung von Rosen und Obstgehölzen zur Blütezeit verwendet werden.

3 Irgendwo am Gartenrand ist sicher Platz für die eine oder andere Brennnessel. Hier kann sie stehen bleiben, man hält sie ein bisschen im Schach und verhindert, dass sie sich durch Ausläufer und Samen im Garten ausbreitet.

Rigoros bekämpfen sollte man Wildkräuter vor allem dann, wenn sie nicht nur den Zier- und Nutzpflanzen Nährstoffe entziehen, sondern wenn sie gleichzeitig Schädlinge und Krankheiten anlocken bzw. verbreiten. Mit manchem Unkraut muss man sich versöhnen, wenn man nicht zum Sklaven seines Gartens werden will.

92

Es dauert einige Zeit, bis die Nährstoffe aus Hornspänen
von den Pflanzen aufgenommen werden können.

»»——→

Biodünger

Jeder Garten braucht Nährstoffe. In der Natur handelt es sich um einen Kreislauf der Nährstoffe, der das, was entnommen wird, durch verschiedene Umsetzungsprozesse wieder zurückführt. Doch in der gärtnerischen Kultur greift der Mensch ein und entzieht dem System Nährstoffe, ohne diese wieder zurückzugeben. Das passiert zum einen durch den Rückschnitt und zum anderen durch die Ernte. Die Nährstoffe, die man also durch Düngung ausbringt, sind kein Luxus oder Überfluss, sondern notwendig für ein gesundes, gleichmäßiges Wachstum. Doch es ist ein großer Unterschied, welche Form von Dünger man verwendet. Es wird zwischen organischem und mineralischem Dünger unterschieden. Der mineralische Dünger ist wasserlöslich und kann sofort von den Pflanzen aufgenommen werden. Die Anteile der Nährstoffe sind genau bekannt und man kann gezielt den Mangel beheben. Bei organischem Dünger handelt es sich um pflanzliche oder tierische Abfälle, die zunächst umgesetzt werden müssen, damit sie von den Pflanzen aufgenommen werden können. Dieses System entspricht dem der Natur, auch wenn nicht immer exakt der Nährstoffgehalt bekannt ist, wie beispielsweise bei reifer Komposterde aus der eigenen Herstellung. Der große Vorteil besteht allerdings darin, dass durch die notwendigen Umsetzungsprozesse auch das Bodenleben angeregt und damit die Eigenschaften im Boden verbessert werden.

1 Gehäckselte Pflanzenteile vom Rückschnitt und Laub sind organische Dünger im Rohzustand. Sie brauchen viel Zeit für die Umsetzung und es sollte auch etwas Stickstoff in Form von Hornspänen hinzugefügt werden, da dieser für die Umsetzungsprozesse wichtig ist. Anderenfalls steht den Pflanzen während der Umsetzung nicht genügend davon zur Verfügung. Auch Komposterde ist organischer Dünger, der aber bereits verrottet ist, so dass die Nährstoffe schneller zur Verfügung stehen.

2 Pferdeäpfel und Hühnermist sind organische Dünger, die vor allem dann wertvoll sind, wenn sie aus seiner biologischen und umweltgerechten Tierhaltung stammen. Hühnermist enthält wie aller Vogelkot sehr viel Stickstoff und wird daher auch als „scharf" bezeichnet. Er sollte zunächst auf den Kompost gegeben werden. Pferdeäpfel dagegen eignen sich gut für die Düngung. Sie werden im Februar im Garten verteilt, so dass die Nährstoffe dann zum Neuaustrieb bereit stehen. Sie sind ideal für die Versorgung von Rosen.

3 Trockene organische Dünger sind Hornspäne oder -mehl, Fischmehl und Blutmehl. Das hört sich nicht

besonders appetitlich an, aber es soll ja auch den Boden anreichern und nicht gegessen werden. Für den Obst- und Gemüsebau sind sie ebenso wie Guanodünger vollkommen unbedenklich. Je feiner der Dünger vermahlen ist, desto schneller wirkt er.

Beim Ausbringen von organischem Dünger muss man immer berücksichtigen, dass die Umsetzung einige Wochen dauert. Aber beispielsweise bei der Anzucht von Tomaten ist das von Vorteil. Die Jungpflanzen stehen eher etwas schlecht versorgt und dadurch bilden sie nicht so viele Blätter, aber direkt Blüten. Wenn die ersten Früchte angesetzt sind, steigt der Nährstoffgehalt im Boden, und es werden nun sowohl Blüten als auch Blätter gebildet. Mit mineralischem Dünger werden erst viele Blätter gebildet und die Blütenbildung setzt deutlich später ein.

Die Milch macht's

Rosen, die anfällig und/oder schlecht ernährt sind, leiden unter verschiedenen Blattkrankheiten wie Rosenrost, Echtem Mehltau und Sternrußtau. Diese von Pilzen verursachten Krankheiten schaden nicht nur optisch den Rosen, weil die Blätter unschön aussehen und früh abfallen, sondern durch die geringere Anzahl an leistungsfähigen Blättern werden die Rosenstöcke an sich geschwächt. Nun gibt es eine ganze Reihe von Spritzmitteln, die man mit Beginn des Laubaustriebs ausbringen muss, um die Blattgesundheit zu fördern und den Pilzbefall zu verringern. Doch es handelt sich immer um chemische Mittel. Zugelassen ist in Deutschland nur das, was unbedenklich ist, aber letztlich ist der Verzicht noch besser und komplett unschädlich. Daher der Tipp: Greifen Sie zu Milch. Wird diese auf die Blätter gespritzt, dann verhindert sie auch, dass sich Krankheiten wie der Echte Mehltau ausbreiten und die Pflanzen werden gestärkt.

1 Man braucht eine Pflanzenspritze, normale Vollmilch und Wasser für die Spritzung.

2 Die Lösung wird aus einem Teil Milch und neun Teilen Wasser hergestellt, das entspricht etwa einer Tasse Milch pro Liter Wasser.

3 Die Lösung wird am Vormittag auf die abgetrockneten Blätter ausgebracht und sollte auch auf die Blattunterseite gespritzt werden.

4 Nach einem Regen wiederholt man die Spritzung.

5 Am besten gleich mit dem Austrieb der Rosen die Behandlung beginnen, denn im frühen Stadium ist die Infektion für das menschlich Auge kaum zu erkennen.

Die Methode funktioniert nicht nur bei Rosen, sondern auch bei anderen Pflanzen, die anfällig für Echten Mehltau sind, wie beispielsweise Herbstastern (*Aster novi-belgii*) und Begonien (*Begonia*). Im Gemüseanbau werden Karotten, Schwarzwurzeln und Gurken mit der Milchverdünnung gesund gehalten.

TIPP/GESUNDE ROSEN

Hygiene wird groß geschrieben, daher befallene Blätter immer gründlich aus dem Beet entfernen und nicht auf den Kompost geben. Außerdem sollte der Rückschnitt nicht ausgelassen werden. Gerade bei einem frühen Austrieb in milden Wintern findet die Infektion sehr früh statt.

96

Die Tüten verhindern, dass die Samen aus der Kapsel
geschleudert und nicht geerntet werden können.

»»→

Für die nächste Generation

Eine Pflanze wächst, blüht, fruchtet und vergeht – so ist das einfache Lebensprinzip, das vor allem für Einjährige gültig ist. In den Früchten sitzen die Samen, die im folgenden Jahr wieder keimen und so den nächsten Zyklus beginnen. So funktioniert es in der Natur. Im Garten passiert es nicht selten, dass sich Pflanzen selbst aussäen, und das hat auch seinen Charme. Es macht aber auch Sinn, ganz gezielt Samen zu ernten und diese für die Anzucht im kommenden Frühjahr zu verwenden. Gerade bei einjährigen Gartenblumen macht es Sinn, aber auch jede Menge Spaß. Vor allem kann man das zusammen mit den Kindern machen und lernt viel über die verschiedenen Fruchtstände, die Verbreitung von Samen und das Aussehen der Samenkörner.

1 Sobald die ersten Fruchtstände reif werden, beginnt die Zeit der Samenernte. Man sollte die Samen nur bei trockenem Wetter ernten und möglichst bis zum Mittag warten, weil dann auch Feuchtigkeit von der Nacht abgetrocknet ist.

2 Ein flacher Korb mit verschiedenen offenen Gefäßen ist hilfreich, damit man die Samen gleich voneinander trennen kann.

3 Einige Pflanzen bilden Samenstände, die bei der Reife aufplatzen und direkt die Körner ausschleudern. Hier nimmt man kurz vor der Reife etwas Vlies, das man seitlich mit einem Tacker schließt und mit Bast am Stängel zubindet. Wenn die Samen ausfallen, schneidet man den Stiel ab und schüttelt die Samen in das Vlies.

 4 Nach der Ernte werden die Samen trocken und luftig aufgestellt. Wichtig: Immer gleich ein Etikett mit dem Namen dazu oder einfach eine Nummer dem Foto der Pflanze zuordnen. Dann kann man sich im Winter darum kümmern, die Pflanzennamen herauszusuchen.

 5 Nach der Trocknung reinigt man die Samen. Die Teile des Fruchtstandes werden aussortiert, z.B. durch Sieben. Dann kommen die Samen in saubere, trockene Gläser oder Briefumschläge. Diese werden kühl, trocken und geschützt vor Nagern und Vögeln aufbewahrt.

TIPP

Samen aus dem Fruchtfleisch trennen: Manche Pflanzen haben ihre Samen in saftiges Fruchtfleisch eingebettet. Um sie herauszulösen, gibt man die Früchte mit etwas Wasser in ein Schraubglas. Nun beginnt ein Gärprozess, bei dem das Fruchtfleisch zersetzt wird und sich die Samen herauslösen. In einem Sieb spült man nun die Samen unter fließendem Wasser sauber und trocknet sie ab. Das bietet sich unter anderem für Tomatensamen an.

Fußpflege für Apfel, Hecke und Co.

Ein Baum braucht eigentlich nicht viel Pflege, weil er meistens von alleine wächst. Hin und wieder werden die Zweige beschnitten. Bei Obstgehölzen hat das den Grund, dass die Fruchtbildung und -reife dadurch beeinflusst wird. Bei allen anderen Gehölzen geht es meist nur darum, den Wuchs zu lenken. Regelmäßiger Rückschnitt und Fruchtbildung kosten die Pflanzen aber richtig viel Kraft. Daher ist es wichtig, die sogenannte Baumscheibe zu pflegen. Mit der Baumscheibe bezeichnet man den Wurzelbereich unter der Krone. Meist ist das eine Fläche, deren Radius etwa ein bis zwei Meter hat. Bei Hecken ist es im Prinzip der Streifen unter dem Astwerk. Die Pflege dieser Fläche sorgt dafür, dass sich die Gehölze ohne die Konkurrenz von Wildpflanzen entwickeln können. Darüber hinaus gilt die Pflege den Wurzeln. Eine Mulchschicht verbessert die Versorgung mit Wasser und Nährstoffen. Eine raschere Erwärmung durch ein reiches Bodenleben fördert das Wurzelwachstum und das Erdreich wird geschützt.

1. Baumscheiben und Hecken werden im Herbst oder Frühling großzügig mit Mulchmaterialien abgedeckt.

2. Ideal ist Herbstlaub, das man im Wurzelbereich aufschichtet. Man kann es quasi wie einen Flächenkompost aufbauen und immer etwas Kompoststarter auf die Schichten geben. Damit es vom Wind nicht weggeweht wird, beschwert man die Blätter mit etwas Astwerk.

3. Auch reife Komposterde und gehäckselter Rückschnitt aus dem Staudenbeet können als Abdeckung verwendet werden.

4. Im zeitigen Frühjahr versorgt man die Mulchschicht mit organischem

Stickstoff, beispielsweise in Form von Hornspänen, damit die Umsetzung in Gang kommt, ohne dass den Gehölzen Stickstoff entzogen wird.

Im Wurzelbereich von Gehölzen ist eine solche Abdeckung auch eine schonende Bodenlockerung. Beim Hacken würde man zu viele feine Wurzeln zerstören.

TIPP

Wenn ein Gehölz ohne erkennbaren Grund schwächelt oder vergreist, macht es Sinn, im großzügigen Abstand vom Stamm mit dem Spaten in die Erde zu stechen. Dieser Schnitt regt die Neubildung von Wurzeln an, und so kann die Versorgung der Pflanze verbessert werden. Gleichzeitig sollte man das Gehölz mit Nährstoffen, reifem Kompost und Wasser verwöhnen.

4

Tiere im Garten

Tiere, die im Garten ein Zuhause finden, sind nicht nur für die Naturbeobachtung gut, sondern sie sind ein Zeichen für funktionierende Kreisläufe. Sie finden Futter und Schutz, zugleich beteiligen sie sich daran, dass Schädlinge nicht überhand nehmen. Das erleichtert die Gartenpflege und beschert gesunde Pflanzen.

Das Insektenhotel bietet einer Vielzahl von nützlichen
Insekten im Garten Unterschlupf und eine Brutstätte.

103

Summende Vielfalt

Wenn wir ein Insekt entdecken und dieses so beiläufig als Hummel, Biene, Wespe oder Fliege bezeichnen, ist das meist eher unqualifiziert. Zudem macht sich gleich Angst breit, man könnte gestochen werden. Bei Allergikern verständlich, weil die Gefahr lebensbedrohlich sein kann, bei allen anderen Menschen kommt die Angst allerdings einer Hysterie nahe. Im Grund kann man nicht genügend Insekten im Garten haben. Denn neben denen, die uns lästig sind und die Pflanzen krank machen, machen diejenigen, die nützlich sind, den größeren Anteil aus. Allerdings schwindet ihre Zahl, weil die Lebensräume zurückgehen. Sie sind in Totholzansammlungen zu finden, leben in offenen Lehmhängen und sind in ihrer Vielzahl auch auf viele verschiedene Pflanzen spezialisiert. Nimmt deren Anzahl ab, verschwinden auch die entsprechenden Insekten. Darüber hinaus sind Monokulturen und Pestizide im Landbau zwei große Feinde der schwebenden Vielfalt. Daher macht es Sinn, Insektenhotels anzulegen, die Nistplätze für die verschiedenen Schwebfliegen, Schlupf-, Grab- und Wegwespen, für Hummeln, Wildbienen und Florfliegen sowie Ohrwürmer bieten. Zugleich ist das Basteln des Insektenhotels eine Möglichkeit, Kindern das Bewusstsein für die Welt der Insekten, die Kreisläufe der Natur und die Notwendigkeit des behutsamen Umgangs mit der Natur näherzubringen.

Ganz nebenbei wird man sich darüber auch selbst bewusst und geht behutsam und gewissenhaft mit der Umwelt um.

1   Zunächst wird ein Rahmen aus Holz gebaut, indem man die verschiedenen Nistmaterialien unterbringt. Dieser wird mit Winkeleisen stabil zusammengehalten. Es macht Sinn, die innere Fläche mit Hilfe von weiteren Leisten in Gefache zu unterteilen.

2   Nun wird Material im Wald und im Garten gesammelt. Stroh, Heu, Gräserschnitt, Reisig, Zapfen und Holzstücke werden zusammengetragen.

3   Außerdem kann man noch Lehm und poröse Backsteine sammeln.

4   Die Hölzer werden in Stücke gesägt, so dass sie in die Gefache passen. Dabei sollten die Jahresringe nach außen sichtbar sein. In diesem Bereich werden nun zahlreiche Löcher gebohrt, die eine unterschiedliche Größe haben sollten. Achten Sie darauf, dass die Ränder frei von Splittern und Spänen sind, da sie leicht zur Verletzungen der Insektenflügel führen können.

5 Die Zwischenräume zwischen den Hölzern werden mit den Halmen von Chinaschilf und anderen Gräsern gefüllt, so dass auch hier Röhren sichtbar sind.

6 Loses Material wie Stroh und Zapfen füllt man ein und befestigt es mit Hilfe von feinem Maschendraht. So fällt es nicht aus dem Insektenhotel heraus.

7 In den unteren Gefachen kann man den Lehm feucht einfüllen und trocknen lassen.

8 Die Backsteine werden so aufgestellt, dass die Löcher sichtbar sind.

9 Jede Stelle im Insektenhotel kann genutzt werden. Freie Plätze werden mit Heu und Stroh, Lehm und Steinen ausgefüllt.

10 Will man Florfliegen anlocken, so empfiehlt es sich, die Latten in diesem Bereich rot anzustreichen.

11 Blumentöpfe – mit Stroh gefüllt und kopfüber aufgehängt – locken Ohrwürmer.

Die Größe des Insektenhotels ist jedem selbst überlassen. Es ist aber durchaus empfehlenswert, die Maße in Grenzen zu halten. Für Kinder hat es den Vorteil, dass die Bastelarbeit überschaubar bleibt. Für den Garten sieht es hübscher aus, wenn man verschiedene kleine Elemente anbringt und nicht ein großes Panel, das wie ein Meisterstück aus einem Naturschutzlehrgang aussieht. Auch alte wurmstichige Schranktüren oder defekte Holzstühle, die nicht gestrichen sind, können einfach in die Beetgestaltung integriert werden. Die Löcher werden eingebohrt. Zwischen den Blütenstauden werden die Insekten den Vorteil dieser ausgedienten Möbel rasch erkennen.

Fehlt die Zeit, ein Insektenhotel selbst zu bauen, so ist das kein Grund darauf zu verzichten. Der Handel bietet fertige Insektenhotels an. Vielfach werden diese in Behindertenwerkstätten hergestellt, so dass der Kauf auch hier einem guten Zweck dient. Auch bei Basaren schulischer, karitativer und naturschützender Einrichtungen werden Insektenhotels angeboten. Man bekommt sie wirklich leicht und in vielfältiger Ausführung.

Optimaler Standort

Das fertige Insektenhotel sollte an einem sonnigen, regengeschützten Platz angebracht werden. So hält das Hotel nicht nur länger, sondern man kann auch davon ausgehen, dass es angenommen wird. Außerdem macht es Sinn, dass das Insektenhotel so platziert wird, dass in der Nähe viele Quellen für Nektar und Pollen sind. Es ist wichtig, dass es einen festen Stand oder eine feste Anbringung hat. Hängt das Insektenhotel frei schwingend im Wind, wird es nicht angenommen.

Eine Kinderstube für Singvögel

Neben einem reichen Angebot an Futter ist es wichtig, dass man Vögeln im Garten Nistplätze anbietet. Wildhecken und auch dichte Formschnitthecken sind sicherlich ideal. Aber eine ganze Reihe von Vögeln brütet in Höhlen. Diese sind im Umfeld des Hausgartens eher selten, da Bäume, die Höhlen haben, meist morsch sind und daher abgeholzt werden. Also muss Ersatz her, und das kann man mit Nistkästen sehr leicht anbieten. Gleichzeitig macht es Spaß, sich mit den Kindern mit der Lebensweise der Vögel, den individuellen Ansprüchen der Arten und später auch mit der Entwicklung der Jungvögel auseinanderzusetzen. Nistkästen werden aber nicht nur im Frühjahr benötigt, sondern leisten auch in der kalten Jahreszeit gute Dienste. Die Singvögel sind sehr empfindlich, wenn es anhaltend kalt ist und ziehen sich daher auch im Winter gerne mal in die Nistkästen zurück, wo es etwas wärmer ist und sie sich sicher aneinanderkuscheln können.

1 Massives, witterungsbeständiges Holz eignet sich am besten für den Bau von Nistkästen. Ideal sind Lärche, Robinie und Eiche. Als Verbindung nimmt man Schrauben. Auf Holzschutzmittel sollte ganz verzichtet werden. Die Belüftung ist wichtig, daher werden in den Boden Löcher gebohrt. Sie sollten einen Durchmesser von knapp einem halben Zentimeter haben.

2 Die Grundfläche eines Nistkastens sollte 12 Zentimeter im Quadrat betragen. Wichtig ist, dass der Kasten so gebaut wird, dass keine Nesträuber, die sogenannten Prädatoren, an die Brut kommen. Hier ist es wichtig, dass ein großzügiger Dachüberstand über das Flugloch gebaut wird, dass keine Ansitzstange unter dem Flugloch angebracht wird und dass das Loch mindestens 17 Zentimeter über dem Boden des Nistkastens ist.

3 Die Nistkästen werden in der Regel etwa in einer Höhe von zwei bis drei Metern am Baumstamm aufgehängt. Ausnahmen sind Nisthilfen für Bodenbrüter oder Singvögel, die vorwiegend in niedrigen Hecken ihre Nester bauen. Das Einflugloch sollte nach Osten oder Südosten zeigen. So ist es vor starker Sonne und heftigen Witterungseinflüssen geschützt. Gegen das Eindringen von Regen sollte der Nistkasten immer leicht nach vornüber geneigt hängen. Beim Anbringen an einen Baum achtet man darauf, dass die Rinde nicht beschädigt wird. Feste Drahtbügel und rostfreie Schrauben oder Nägel sind zu bevorzugen. Die Abstände zwischen den Nistkästen sollten großzügig gewählt werden, weil sonst das Nahrungsangebot zu knapp ist.

Ein Vogelhaus im Baum sollte so angebracht sein, dass Katzen und andere Nesträuber ohne Chance sind.

Hausputz erforderlich

Wenn die Jungvögel flügge sind und keine zweite oder dritte Brut mehr ansteht, werden die Kästen abgenommen und gründlich gereinigt. Die alten Nester sind nämlich willkommene Plätze für Flöhe, Milben und Lausfliegen. Hat man im Spätsommer den geeigneten Moment verpasst, wartet man bis Ende Februar, bei anhaltender Kälte auch noch ein paar Wochen länger. Nicht selten ziehen sich nämlich Siebenschläfer und auch Singvögel in die Nistkästen zurück. Und sie sollten nicht gestört werden. Allerdings beginnt im Frühling auch mitunter zeitig der Nestbau und dabei sollten die Vögel erst recht nicht gestört werden.

Zum Reinigen nimmt man aus hygienischen Gründen Handschuhe. Das alte Nest wird im Freien entfernt und dann wird der Nistkasten ausgebürstet. Verzichten Sie auf den Einsatz von Hygienepräparaten. Sie sind überflüssig. Bei älteren Nistkästen kann man auch Ausbesserungen vornehmen, wenn diese erforderlich sind. Anschließend wird der Nistkasten wieder aufgehängt.

Einfluglöcher für verschiedene Singvogelarten

Durchmesser 26–28 mm: Blaumeise, Haubenmeise, Supfmeise, Weidenmeise, Tannenmeise
Durchmesser 32 mm: Kohlmeise, Kleiber
Durchmesser 35 mm: Feldsperling, Haussperling, Trauschnäpper
Durchmesser 45 mm: Star
Ovales Einflugloch mit 48 mm Höhe und 32 mm Breite: Gartenrotschwanz

Die Halbhöhle

Während Höhlenbrüter durch ein kleines Loch in der Nisthilfe verschwinden können, gibt es andere Arten, die in einem eher offenen Nistkasten Platz finden. Zu ihnen zählen Rotkehlchen, Zaunkönig, Grauschnäpper, Hausrotschwanz und Bachstelze. Ganz wichtig ist ein großzügiger Dachüberstand, der vor Elstern und Eichelhähern schützt, sowie ein Platz, der für Katzen, Eichhörnchen und Mardern nur schwer zugänglich ist.

Fledermäuse willkommen

Fledermäuse zählen zu den wichtigen Insektenvertilgern im Kreislauf der Natur. Sie sind in der Dämmerung aktiv und benötigen Schutzräume, in denen sie den Tag und den Winter verbringen. Diese finden sie in Baumhöhlen und in Gebäuden, die Fugen und Ritzen in der Dachkonstruktion bieten. Das Angebot an diesen Lebensräumen nimmt ab, weil Bäume allzu häufig gefällt werden, wenn sie ein gewisses Alter erreicht haben und Häuser sehr ordentlich „verpackt" werden. Mit Hilfe von kleinen Kästen kann man das Angebot an „Wohnraum" für Fledermäuse aber leicht erhöhen.

1 Man verwendet ein nicht imprägniertes, möglichst raues und auf keinen Fall gehobeltes Massivholz (Fichte oder Tanne). Das ist wichtig, damit die Fledermäuse Halt finden.

2 Daraus werden die folgenden Teile geschnitten:
Rückwand (450 × 250 × 20 mm), Vorderwand (350 × 250 × 20 mm), Dach (130 × 310 × 20 mm).
Weiterhin braucht man Dachlatten (20 × 40 mm), aus denen man zwei Seitenteile (300 × 20–40 × 20 mm). Sie werden schräg zugesägt. Weiterhin wird der Boden mit 210 × 30 × 20 mm zugeschnitten und innen abgeschrägt, damit der Kot herausfallen kann.

3 Das Haus wird nun mit Holzschrauben bzw. Nägeln zusammengebaut. Eine Leiste mit den Maßen 700 × 40 × 20 wird auf der Rückseite zum Aufhängen befestigt.

Der fertig gebaute Fledermauskasten wird nun entweder an der Hauswand oder in einem hohen Baum aufgehängt. Gleichzeitig ist es ganz wichtig, dass die Fledermäuse nicht nur einen Schutzraum finden, sondern auch ein reiches Nahrungsangebot an Insekten. Erst wenn dieses gewährleistet ist, werden sich die nachtaktiven Tiere am Himmel über dem Garten zeigen. Zu den Pflanzen, die eine hohe Aktivität von Insekten für Fledermäuse bieten, zählen die folgenden Arten:

Jelängerjelieber (*Lonicera caprifolium*), Sommerflieder (*Buddleja davidii*), Gemeiner Schneeball (*Viburnum opulus*), Salweide (*Salix caprea*), Liguster (*Ligustrum vulgare*), Apfelrose (*Rosa rugosa*), Schnittlauch (*Allium schoenoprasum*), Garten-Salbei (*Salvia officinalis*), Wilder Majoran (*Origanum vulgare*), Borretsch (*Borago officinalis*), Melisse (*Melissa officinalis*), Ziertabak (*Nicotiana alata*), Gartenresede (*Reseda odorata*), Gewöhnliche Nachtkerze (*Oenothera biennis*), Gemeine Nachtviole (*Hesperis matronalis*), Immergrün (*Vinca minor*), Duftnachtkerze (*Oenothera missouriensis*), Phlox (*Phlox paniculata*), Weidenröschen (*Epilobium angustifolium*),

Türkenbundlilie (*Lilium maragon*),
Ausdauerndes Silberblatt (*Lunaria
rediviva*), Lichtnelke (*Silene dioica*), Taglilie
(*Hemerocallis citrina*), Goldlack (*Cheiranthus
cheirii*), Abendlevkoje (*Matthiola incana*).

Ein Hotel für Igel

Der Igel findet in unseren Hausgärten einen Lebensraum. Ursprünglich war er vorwiegend im Wald und in Heckensäumen angesiedelt. Dort war reichlich geschützter Raum, um wenig aufwändige Nester zu bauen und sich ein Überwinterungsquartier zu schaffen. Er ist im Laufe der Zeit dem Menschen in den Siedlungsraum gefolgt und findet hier häufig keine guten Bedingungen für seine Rückzugsräume. Diese sollten aber unbedingt geschaffen werden, denn der Igel ist gefährdet und eigentlich im Garten als Schneckenvertilger ein guter Helfer.

1 Unter Hecken und in den Randbereichen des Gartens kann man im Herbst Schutzbereiche anlegen. Dabei ist es einfach ganz wichtig, dass man nicht penibel alles aufräumt, sondern diese Bereiche quasi sich selbst überlässt. Ein paar Holzscheite, die einen gewissen Regenschutz bieten, sind empfehlenswert. Auch im Frühling sollte man hier nicht gleich aufräumen, sondern behutsam die Aktivitäten des Igels abwarten und sich dann dieser Plätze annehmen.

2 Im Handel gibt es die verschiedensten Varianten von Igelhäusern. Körbe aus geflochtener Weide, Tonkrüge und Holzhäuser bieten sich als Igelhaus an. Wichtig ist, dass auch Material zum Auskleiden in Form von Blättern und Stroh angeboten wird. Außerdem sollten Igelhäuser im Frühling, wenn man sicher ist, dass der Winterschlaf beendet ist, tatsächlich gründlich gereinigt werden, bevor man sie als Nistplatz wieder aufstellt.

3 Entsprechend der im Handel angebotenen Igelhäuser kann man auch aus einem alten Korb oder einem ausgedienten Blumentopf ein Igelhotel bauen. Wichtig ist immer, dass die Schutzräume so angelegt sind, dass Katzen und Hunde sich nicht darüber her machen. Gleichzeitig sollte man sie gezielt davon fernhalten.

Igel, vor allem Jungtiere, sind teilweise im späten Sommer noch schlecht ernährt, so dass man zufüttern sollte, damit sie die Winterzeit überstehen. Man bietet entweder ein spezielles Igelfutter oder Katzennassfutter an. Es sollte in geschützten Räumen am Abend aufgestellt werden, damit sich die Igel bedienen können. Bei Regen sollte ein gewisser Schutz geboten werden. Am Morgen sollte alles Igelfutter entfernt und die flache Futterschale wieder weggeräumt werden. Es bedarf ein wenig Beobachtung und Kontrolle, dass die Igel die Futterstellen annehmen und nicht wildernde Katzen sich über die Nahrungsquelle her machen.

Attraktion für Regenwürmer

Die Fruchtbarkeit eines Bodens hängt unmittelbar mit der Aktivität der Regenwürmer zusammen. Zunächst durchziehen sie den Boden mit einem Gangsystem, was einer Lockerung entspricht. So sanft und behutsam können Gärtnerin und Gärtner das Erdreich nicht lockern und belüften. Durch die Aktivität der Würmer werden Pflanzenreste in den Boden hineingezogen. Mitunter sieht man mit bloßem Auge, dass Blattreste oder Halme zu einem guten Teil in den Boden hineingezogen worden sind. Das ist dann der Wurmtätigkeit zu verdanken. Aber nicht nur das Einarbeiten in den Boden ist so wertvoll, sondern auch die Verdauungstätigkeit der Würmer. Sie nehmen neben organischem Material bereits zersetzte Pflanzenreste und zugleich mineralische Anteile des Bodens auf. Es entstehen die typischen Kothäufchen, die man auf der Erde sieht. Sie sind nicht nur relativ stabil, sondern auch reich an Nährstoffen und daher besonders wertvoll. Sie bestehen aus den sogenannten Ton-Humus-Komplexen, die die Struktur des Bodens positiv beeinflussen. Es lohnt sich also, Regenwürmer im Boden zu fördern und ihre Aktivität zu schützen. Letzteres gelingt vor allem dadurch, dass man viel mit der Grabegabel arbeitet und nicht ständig umgräbt.

1 Verwenden Sie zum Locken der Regenwürmer möglichst unbedruckte, naturbelassene Pappe, wie beispielsweise Wellpappe. So gelangen keine Schadstoffe in den Boden.

2 Legen Sie die Pappe auf dem Grund der Kompostmiete aus, um die Regenwürmer anzulocken. Sie leisten gerade bei der Umsetzung in der Kompostmiete wertvolle Dienste.

3 Sie wollen Rasen oder Wiese in eine Beetfläche verwandeln? Schälen Sie die obere Schicht gut fünf Zentimeter ab, graben Sie den Boden um und legen Sie Pappe aus, bevor sie die abgeschälten Soden mit dem Bewuchs nach unten wieder auslegen. Nun decken Sie alles mit Pferdemist ab. So wird jetzt das Bodenleben angeregt. Nach gut neun bis zwölf Monaten hat der Boden eine krümelige Stuktur und kann verwendet werden.

Spezielle Kompostwürmer kann man auch bestellen. Sie werden per Express geliefert. Alternativ holt man sich vom Nachbarn, dessen Kompost wurmreich ist, einen kleinen Eimer, um den eigenen Kompost zu impfen. Wichtig: Es sollte ausreichend Material in verschiedenen Rottezuständen und eben feuchte Pappe vorhanden sein, damit sich die Würmer wohlfühlen.

Damit man im Boden reichlich
Regenwürmer hat (Bild oben)
kann man Pappe als Lockmittel zum
Beispiel unter dem Kompost schieben
(Bild links).

Verlockende Wildfrüchte

Im Herbst zählen Beeren und Früchte neben den verschiedenen Sämereien zum Nahrungsangebot für Vögel. Vor dem Winter ist eine reiche Ausbeute besonders wichtig, denn die Tiere müssen sich jetzt ein Polster anlegen. Daher ist es wichtig, dass sie im Garten möglichst viel und auch Verschiedenes finden. Bei der Gestaltung und Pflanzenauswahl sollte man also immer darauf achten, dass nicht nur Gestalt, Blatt und Blüte einen hohen Zierwert haben, sondern es sollte auch auf die Fruchtbildung ein Augenmerk gelegt werden.

1 Hecken sollten immer mit Wildfrüchten gestaltet werden. Berberitzen sind dabei ebenso wie Sanddorn, Kornelkirsche und Schlehe schnittverträglich. Für die frei wachsende Hecke eignen sich Weißdorn, Hagebutte, Haselnuss und Apfelbeere.

2 Solitärgehölze wie Zieräpfel, Blutpflaume, Vogelbeere und Felsenbirne eignen sich als Hausbaum (s. Seite 56) und sind dekorative und pflegeleichte Gehölze in der Randbepflanzung.

3 Auch wenn Sie selbst Wildfrüchte wie Apfelbeere, Hagebutte, Holunder oder Sanddorn verarbeiten, lassen sie immer einen gewissen Anteil für die Gartenbewohner an den Zweigen.

4 Sie können sich vor Erdbeeren und Kirschen nicht retten. Na dann überlassen Sie die Ernte doch einfach mal den Vögeln!

In den größeren Gehölzen können direkt einige Nistkästen (s. Seite 106) befestigt werden, so bekommen die Vögel das Futterangebot bis „vor die Haustür" geliefert.

Gehölze mit Wildfrüchten

Kupferfelsenbirne (*Amelanchier*)
Apfelbeere (*Aronia*)
Berberitze (*Berberis*)
Kornelkirsche (*Cornus mas*)
Haselnuss (*Corylus avelana*)
Essbare Ölweide (*Eleagnus multiflora*)
Vogelkirsche (*Prunus avium*)
Schlehe (*Prunus spinosa*)
Goldjohannisbeere (*Ribes aureum*)
Hagebutten (*Rosa*)
Schwarzer Holunder (*Sambucus nigra*)
Vogelbeere (*Sorbus aucuparia*)
Sanddorn (*Hippophae rhamnoides*)
Eingriffeliger Weißdorn (*Crataegus monogyna*)

Zum Verstecken und Überwintern

Totholz verrottet nur ganz langsam und leistet noch gute Dienste für den naturnahen Garten, bis es dann einmal ganz morsch geworden ist. Man kann hier alles Holz nehmen, das nicht im Häcksler zerkleinert und auf den Kompost gegeben werden kann. Aber man kann auch eine Baumwurzel oder größere Holzabschnitte dafür verwenden.

1 Sammeln Sie möglichst viel Holz zusammen in verschiedenen Größen. Suchen Sie einen geschützten Platz im Schatten aus. Er sollte etwa einen knappen Quadratmeter groß sein. Idealerweise kann man ihn zum Beispiel hinter dem Kompostplatz anlegen.

2 Will man den Lebensraum Totholzhaufen besonders vielfältig anlegen, dann schaufelt man zunächst ein Loch ins Erdreich, das etwa 40 cm tief ist. Es wird mit Zweigen und Blättern gefüllt. Darüber werden die Hölzer, die man zusammengetragen hat, aufgeschichtet.

3 Nun heißt es einfach: Überlassen Sie den Haufen sich selbst. Jetzt werden sich hier Käfer, Spinnen, Mäuse, Igel und vielleicht sogar Amphibien und Reptilien ansiedeln. Auch wenn Sie mit bloßem Auge nichts wahrnehmen, können Sie gewiss sein, dass in dem Schutzraum viel Leben innerhalb von kurzer Zeit zu finden ist.

Was der Totholzhaufen im Schatten bietet, das leistet ein Steinhaufen in der Sonne. Man nimmt Fundsteine, die durchaus zwischen 10 und 30 cm groß sind, und schichtet sie locker zu einem Haufen auf. In die Lücken kann man auch mal ein paar Äste einarbeiten. Wichtig ist, dass es Hohlräume gibt, in die sich auch Säugetiere zurückziehen können. Es gibt zwei Aspekte, die für den Standort wichtig sind. Er sollte in der Sonne liegen, damit sich die Steine aufwärmen und einen idealen Rückzugsort darstellen. Und der Platz sollte Ruhe gewährleisten, damit sich Eidechsen, Blindschleichen und andere Bewohner ansiedeln. Zu diesen zählen zum Beispiel auch Kröten, Wiesel und Mäuse.

Das Holz bietet ganz natürlich Schutz für die verschiedensten Gartenbewohner.

Badeplätze für Tiere

Wasser kann bei extremer Witterung knapp sein. Sowohl im Sommer als auch im Winter sind Vögel auf der Suche nach Wasserstellen. Baden und Trinken sind ihre Anliegen, die sich nur schwer lösen lassen, wenn kein Teich oder Bachlauf in der Nähe ist. Daher macht es Sinn, im Garten entsprechende Möglichkeiten zu bieten. Dabei sollte man es aber nicht bei einer Stelle belassen, sondern ruhig mehrere Wasserplätze einrichten, denn wo die Singvögel ein reiches Angebot bekommen, fühlen Sie sich wohl und bleiben. Gestalten Sie die Badeplätze klein, dann haben große räuberische Vögel wie Tauben, Elstern und Eichelhäher nicht so gute Chancen. Das gilt übrigens auch für Futterstellen, die man auf die kleine Körpergröße der Singvögel und ihre Fähigkeiten, hängend und über Kopf picken zu können, abstimmen sollte.

1 Nehmen Sie Blumenuntersetzer, angeschlagene Tonschalen, die ausgemustert werden oder aufgeschnittene Tetrapaks.

2 Alles wird gründlich gereinigt und abgespült. Die Gefäße werden bis kurz vor dem oberen Rand in den Beeten eingraben. Sie werden mit groben Kieselsteinen gefüllt.

3 Nun gibt man Wasser in die Schalen und achtet darauf, dass sie immer wieder befüllt werden. An sonnigen Tagen verdunstet auch Wasser ungenutzt.

4 Im Winter sollte bei Frost vor allem in den Mittagsstunden etwas ungefrorenes Wasser vorhanden sein.

5 Mäuse, die in das Wasser fallen, können sich über die Steine retten. Gleichzeitig können sie von den Steinen aus auch selbst mal einen Schluck Wasser nehmen.

Wählen Sie die Bade- und Trinkplätze so, dass Katzen schlechten Zugang haben. Auch Hunde sollten wissen, wo ihr Wassernapf ist, sonst kommt man mit dem Nachfüllen nicht hinterher.
In regelmäßigen Abständen nimmt man die Wassergefäße auf und reinigt sie. Blätter und Blüten, die hineingefallen sind, werden ausgespült. Auch die Kieselsteine werden einmal in klarem Wasser gespült. Die Tetrapaks kann man auch einfach austauschen, wenn sie angeschmuddelt sind.

Abgefallenes Laub ist kein Abfall

Blätter, die im Herbst von den Bäumen fallen, werden als Last und Müll angesehen. Natürlich ist es über zwei, drei Wochen eine Sysiphos-Arbeit, die Blätter zu kehren. Gerade ist man fertig, da kommt ein kräftiger Windstoß und macht die Arbeit wieder zunichte. Dabei füllen sich Laubsäcke und Biotonne. Aber warum die Blätter aus dem Kreislauf des Gartens abziehen? Gerade im Herbst warten viele Tiere darauf, dass sie es sich im Laub für die Winterzeit gemütlich machen können.

1 **Türmen Sie neben dem Kompost einen großen Laubhaufen auf. Mit einer Plane abgedeckt und mit Steinen beschwert, verhindert man, dass das Material wieder weggeweht wird.**

2 **Geben Sie ruhig einige Eimer Laub auf den Totholzhaufen (s. Seite 116). Die Tiere freuen sich, wenn sie Material für das Winterquartier direkt bis vor die Haustür geliefert bekommen.**

3 **Türmen Sie die Blätter auf den Baumscheiben der Gehölze auf. Behelfen Sie sich mit Bambusstangen und Fichtenreisig zum Beschweren, damit nicht alles wieder weggepustet wird.**

4 **Fegen Sie das Laub in Richtung Hecke und sorgen Sie mit ein paar Zweigen dafür, dass es dort liegen bleibt.**

5 **Weitere Laubreste werden kompostiert (s. Seite 69).**

Nun hat man das Laub untergebracht, und im Frühling wird man oft recht schnell unruhig, weil doch spätestens jetzt endlich mal alle Blätter weggeräumt werden sollten. Aber die Unruhe ist eigentlich kontraproduktiv. Zum einen ist der Moment, wenn Ihnen nach Ordnung im Garten ist, nicht der Moment, wo die Tiere den Winterschlaf beendet haben. Zum anderen wird sich in den kommenden Wochen noch ganz viel tun in Sachen Zersetzung. Denn mit den steigenden Temperaturen beginnt die Aktivität, und manchmal reibt man sich verwundert die Augen, wo denn plötzlich all die Blätter geblieben sind. Wenn das Leben im Garten erwacht ist, kann der sichtlich zusammengesackte große Laubhaufen am Kompost vorsichtig mit auf den Kompost geschichtet werden, oder man verwendet das gut verrottete Laub direkt, um in den Staudenbeeten zu mulchen (s. Seite 88).

Warum nicht einfach mal Muscheln?

Mulchmaterialen organischer Natur sind in erster Linie pflanzlichen Ursprungs. In Küstengebieten gibt es aber auch Muschelschalen, die biologischen Ursprungs sind. Man kann sie zum Mulchen verwenden. An erster Stelle sollte vorausgeschickt werden, dass Muscheln natürlich am besten in Gärten passen, die in den Küstengebieten liegen. Ansonsten sollte schon ein besonderer gestalterischer Aspekt dazu veranlassen, das weißgraue Material als Bodenschutz zu verwenden. Ich habe das Material ausprobiert und dabei auf jeden Fall einen ganz besonderen Effekt festgestellt. In den Hohlräumen der Muscheln haben sich vor allem Schnecken besonders wohl gefühlt. Es ist gut belüftet und feucht, das sind klare Vorteile zum ansonsten lehmig schweren Boden in meinem Garten. Bis zu den Pflanzen sind sie allerdings nicht vorgedrungen, denn die scharfen Kanten der Muscheln scheinen eine gewisse Barriere zu bilden. Doch was dann richtig erstaunlich war, zeigte sich im Frühsommer, als der Igel abends durch den Garten zog. Am Knirschen des Untergrundes hat man ihn sofort erkannt. Das Muschelbeet, das ich anstelle eines nicht realisierbaren Wassergrabens angelegt habe, war für ihn die perfekte Abendeinladung. Er hat sich dran gemacht und die Schnecken aus den Muscheln herausgepickt und nur kurze Zeit war er alleine unterwegs, dann kamen sie zu zweit – so reich war die Ausbeute.

1 Muscheln bekommt man vor allem in den Niederlanden in Gartencentern und bei einigen Anbietern in Deutschland (auch per Versand).

2 Vor dem Ausbringen sollte das Beet gründlich von Wildkräutern befreit werden.

3 Anschließend wird Humus und Dünger ausgebracht, bevor man die gut vier Zentimeter hohe Mulchschicht ausbringt.

Vorteile von Muscheln

- Sie sind organischen Ursprungs, verrotten aber nicht. So bleiben sie viele Jahre als Mulchschicht erhalten.
- Muscheln haben eine die Temperatur ausgleichende Wirkung, weil sie im Winter Frost langsamer eindringen lassen und auch Hitze nicht so schnell den Boden belastet.
- Die helle Farbe reflektiert viel Licht, was ein Vorteil im Winter ist, vor allem für wintergrüne Halbsträucher wie Lavendel, Rosmarin und Salbei.
- Die obere Schicht rund um den Wurzelhals der Pflanzen trocknet schnell ab und verhindert so, dass sich in diesem Bereich Pilzkrankheiten ausbreiten können.

Sie wissen sich zu wehren und sind daher nicht sehr
beliebt. Aber sie fördern die Vielfalt der Fauna im Garten.
←—«

125

Disteln als Futterquelle

Kratzdisteln (*Carduus*), Gänsedisteln
(*Sonchus*) und Karden (*Dipsacus*) zählen zu
den eher unliebsamen Pflanzen im Garten.
Es lohnt sich aber, ein paar davon ganz
gezielt stehen zu lassen, denn der Distelfink
bevorzugt diese Pflanzen beziehungsweise
deren Samen als Futterquelle. Der kleine
bunte Singvogel, der auch als Stieglitz
bekannt ist, hat ein großes Geschick, die
Samen aus den Fruchtständen heraus-
zupicken und die Flugapparate abzubeißen,
um schließlich den ölhaltigen Samen zu
fressen. Neben den Disteln locken Pflanzen
wie Sonnenblume (*Helianthus*), Mädesüß
(*Fillipendula*), Witwenblumen (*Knautia*),
Beifuß (*Artemisia*) und Knöterich (*Fallopia*)
diese Vögel an. Letztlich ist es nur ein
Beispiel, wie man mit Pflanzen, die bei uns
häufig den Ruf eines Unkrautes haben,
die Vielfalt locken kann. Da der Vogel mit
seinem durchaus sehr bunten Federkleid aber
markant ist und man ihn an seinem Ruf „stie-
glitt" auch akustisch leicht erkennt, lohnt
es sich, ihm ein attraktives Gartenreich zu
schaffen.

1 Halten Sie in der Umgebung Ausschau
nach wilden Disteln und ernten Sie ein
paar Samen. Oder bestellen Sie sich
Samen von Wildpflanzen.

2 Suchen Sie für die Disteln vollsonnige
Plätze im Blumenbeet aus. Die Pflanzen sind durchaus als dekorativ
einzustufen. Außerdem gibt es
zahlreiche weitere Disteln wie
Edeldistel (*Eryngium*), Kugeldistel
(*Echinops*) und Mariendistel
(*Silybum*), die in Staudengärtnereien
angeboten werden.

3 Achten Sie darauf, dass nicht nur die
im Spätsommer und Herbst reifenden
Disteln im Angebot sind, sondern
auch Witwenblumen, Knöterich und
Vogelmiere vorhanden sind, damit
sich der Distelfink wohl fühlt.

Hat sich der Stieglitz etabliert, so profitiert
man als Gärtnerin und Gärtner in vielfacher
Art und Weise von seiner Anwesenheit, denn
im Frühling macht er sich auch über lästige
Löwenzahnsamen her und verhindert so
eine starke Ausbreitung der buttergelben
Blumen. Zur Brutzeit kommt er nicht mehr
nur mit Samen aus, sondern macht sich
auch auf die Suche nach Insekten, um
seinen Nahrungsbedarf zu decken. Das
ist genau die Zeit, in der Läuse und viele
andere Schadinsekten beginnen, sich breit
zu machen. Hier freut man sich über jeden
Helfer, der die Lästlinge dezimiert.

Vogelfutter aus eigenem Anbau

Sonnenblumen, Eselsdistel, Fuchsschwanz und Hirse bilden reichlich Samenkörner und können so auch gezogen werden, um für den Winter ein bisschen Vorrat zu haben. Im Prinzip braucht man nur die Blütenstände zu ernten und sie an einem sicheren, luftigen Platz abtrocknen zu lassen. Sicher heißt aber auch, dass sie vor Vögeln und Mäusen gut geschützt sind, denn diese machen sich nur allzu schnell über das Buffet her. Anschließend kommen Sie an einen sicheren, dunklen Ort, bis es draußen kalt geworden ist und die Vorräte im Garten aufgebraucht sind. Nun werden die Vögel über Futterstellen versorgt. Wichtig ist, dass Vogelfutter immer möglichst trocken ausgelegt wird und dass man verhindert, dass sich Räuber darüber hermachen.

1 Der Stiel der Sonnenblume wird dicht am Blütenboden abgeschnitten. So kann man die Blüte flach in ein Futterhaus oder an geschützten Stellen einfach auf Blumenuntersetzer legen.

2 Hirse, Fuchsschwanz und Eselsdistel können einfach am Stiel aufgehängt werden. Die Vögel werden den winterlichen Nachschlag sicher finden und aufpicken.

3 Wenn die Samen bereits ausfallen, kann man sie natürlich auch aufsammeln und in das Futterhaus als Streufutter geben.

4 Man kann aber auch Zapfen von Nadelgehölzen in flüssiges Kokosfett tauchen und anschließend in den Körnern wälzen. So kleben sie fest und man kann die Zapfen in die Äste von Bäumen und Sträuchern hängen. Diese Zapfen kann man auch mit den Kindern zusammen als Geschenke basteln.

Neben Körnerfutter sollte auch im Winter immer darauf geachtet werden, dass ungefrorenes Wasser aufgestellt wird. Gerade bei lang anhaltenden Frösten ohne Schnee ist die Trockenheit für die Vögel ein Problem.

Wer Sonnenblumen im eigenen Garten hat, der kann sich den Einkauf von Vogelfutter sparen.

Register

Nützliche Adressen und Bezugsquellen

- NABU – Naturschutzbund Deutschland e.V.
Charitéstraße 3
10117 Berlin
Tel.: 030/2849840
Fax: 030/2849842000
E-Mail: NABU@NABU.de

- Bund für Umwelt und Naturschutz
Deutschland e.V. (BUND)
Am Köllnischen Park 1
10179 Berlin
Tel.: 030/2758640
Fax: 030/27586 440
E-Mail: bund@bund.net

- Verein zur Erhaltung der
Nutzpflanzenvielfalt e. V. c/o Barbara
Féret Mondrianplatz 11 36041 Fulda
Tel.: 05306/1402
E-Mail: geschaeftsstelle@nutzpflanzenvielfalt.de

- Naturschutzbund Deutschland (NABU)
Landesverband Nordrhein-Westfalen e.V.
Völklinger Str. 7–9
40219 Düsseldorf
Tel.: 0211/1592510
Fax: 0211/15925115
E-Mail: Info@NABU-NRW.de

- Natur- und Umweltschutz-Akademie des
Landes NRW (NUA)
Postfach 101051
45610 Recklinghausen
Tel.: 02361/3050
Fax: 02361/3053340
E-Mail: poststelle@nua.nrw.de

- Naturgarten e.V. – Verein für naturnahe
Garten- und Landschaftsgestaltung
Bundesgeschäftsstelle
Kernerstr. 64
74076 Heilbronn
Tel.: 07131/6499996
Fax: 07131/6499997
E-Mail: geschaeftsstelle@naturgarten.org

- Landesbund für Vogelschutz in
Bayern (LBV) e. V.
Landesgeschäftsstelle
Eisvogelweg 1
91161 Hilpoltstein
Tel.: 09174/47750
Fax: 09174/477575
E-Mail: info@lbv.de

- BUND Naturschutz in Bayern e.V. (BN)
Dr.-Johann-Maier-Straße 4
93049 Regensburg
Tel.: 0941/297200
Fax: 0941/2972030
info@bund-naturschutz.de

Interessante Websites

- www.fledermausschutz.de

- Weidenprofi GmbH
  Raiffeisenstraße 21
  86167 Augsburg
  Deutschland
  Tel.: 0821/44847090
  Fax: 0821/448470919
  E-Mail: kundencenter@naturgeflechte24.de

- DER BAULADEN
  Alleenstrasse 20
  73230 Kirchheim/Teck
  Tel.: 07021/82080
  Fax: 07021/84697
  E-Mail: kontakt@bauladen-shop.de

- Michael Graen
  Naturwaren, Biologische Baustoffe
  Kölner Str. 2
  51580 Reichshof
  Tel.: 02296/991104
  Fax: 02296/991106
  E-Mail: info@graen.de

- W. Neudorff GmbH KG
  An der Mühle 3
  31860 Emmerthal
  Tel. (Beratungstelefon): 05155/6244888
  Tel. (Neudorff-Zentrale): 05155/6240
  Fax: 05155/6010
  E-Mail: info@neudorff.de

- Keller GmbH & Co.KG
  Konradstr. 17
  79100 Freiburg
  Tel.: 0761/706313
  Fax: 0761/706314
  E-Mail: info@biokeller.de

- Fa. Gartenbedarf-Versand e.K.
  Ottobeurer Str. 46A
  87733 Markt Rettenbach
  Tel.: 08392/1646
  Fax: 08392/1205
  E-Mail: infos@gartenbedarf-versand.de

- Vogelnistkästen Hoppe
  Ingrid Hoppe
  Obenkatternberg 2
  42655 Solingen
  Tel.: 0212/80371
  Fax: 0212/80371
  E-Mail: R.Hoppe.SG@gmx.de

- SCHWEGLER Vogel- und
  Naturschutzprodukte GmbH
  Heinkelstr. 35
  73614 Schorndorf
  Tel.: 07181/977450
  Fax: 07181/9774549
  E-Mail: info@schwegler-natur.de

- www.fledermausschutz.de

Dünger

- Deutsche CUXIN Marketing GmbH
  Cuxhavener Landstr. 3a
  21762 Otterndorf
  Tel.: 04751/922232
  Fax: 04751/922244
  E-Mail: mail@cuxin.de

- W. Neudorff GmbH KG
  An der Mühle 3
  31860 Emmerthal
  Tel. (Beratungstelefon): 05155/62 44 888
  Tel. (Neudorff-Zentrale): 05155/6240
  Fax: 05155/6010
  E-Mail: info@neudorff.de

- Heinr. Propfe chem. Fabrik GmbH
  Düsseldorfer Str. 9–11
  68219 Mannheim
  Kontakt
  Tel.: 0621/895061
  Fax: 0621/891240
  E-Mail: Propfe-Mannheim@t-online.de

- Firma Ludwig Engelhart
  Inh. Nicola Selmayr e.K.
  Organische Düngemittel
  Schlossgut Erching
  85399 Hallbergmoos
  Tel.: 0811/1737
  E-Mail: Info@Ludwig-Engelhart.de

- OSCORNA-DÜNGER GmbH & Co. KG
  Erbacher Straße 41
  89079 Ulm
  Tel.: 0731/946640
  Fax: 0731/481291
  E-Mail: info@oscorna.de

Kompostwürmer

- Regenwurmfarm Tacke,
  Christoph Tacke e.K.
  Klosterdiek 61
  46325 Borken-Burlo
  Tel.: 02872/2066
  Fax: 02872/8240
  E-Mail: info@regenwurm.de

- Martin Langhoff SUPERWURM e.K.
  Felix-Wankel-Straße 8
  52351 Düren
  Tel.: 02421/2085955
  Fax: 02421/2085957
  E-Mail: info@superwurm.de

Bodenhilfsstoffe, effektive Mikroorganismen

- Benediktinerinnenabtei zur Hl. Maria
  Nonnengasse 16
  36037 Fulda
  Tel.: 0661/902450
  Fax: 0661/9024545
  E-Mail: info@abtei-fulda.de

- MikroVeda Handelsgesellschaft mbH
  Gut Neuenhof
  Im Kuckucksfeld 1
  47624 Kevelaer-Twisteden
  Tel.: 02832/9727810
  Fax: 02832/9727869
  E-Mail: info@mikroveda.de

- EMIKO Handelsgesellschaft mbH
  Mühlgrabenstraße 13
  53340 Meckenheim
  Deutschland
  Tel.: 02225/955950
  Fax: 02225/9559520
  E-Mail: info@emiko.de

Wildgehölze

- re-natur GmbH
  Charles-Roß-Weg 24
  24601 Ruhwinkel
  Tel.: 04323/90100
  Fax: 04323/901033
  E-Mail: info@re-natur.de

- Bioland Hof Jeebel
  Biogartenversand OHG
  Jeebel 17
  29410 Salzwedel OT Jeebel
  Fax: 039037/955115
  E-Mail: info@biogartenversand.de

- Gärtnerei NATURWUCHS
  Thomas Reichelt
  Bardenhorst 15
  33739 Bielefeld
  Tel.: 0521/9881778
  Fax: 0521/9881779
  E-Mail: info @naturwuchs.de

- Baumschule Pflanzlust
  c/o Heinrich Niggemeyer
  Niederelsungerstr. 23
  34466 Nothfelden

Tel.: 05692/8635
Fax: 05692/2088
E-Mail: pflanzlust@t-online.de

- Kräuter- und Wildpflanzengärtnerei Strickler
  Monika Strickler
  Lochgasse 1
  55232 Alzey
  Tel.: 06731/3831
  Fax: 06731/3929
  E-Mail: strickler@t-online.de

- Christoph Rogmans
  Native Plants – Gartenbaubetrieb
  Zum Kreuzstein 3 b
  96138 Burgebrach
  Deutschland
  Tel.: 09546/593555
  Fax: 09546/592435
  E-Mail: info@native-plants.de

- HÄBERLI Fruchtpflanzen AG
  Stocken
  CH-9315 Neukirch-Egnach
  Tel.: +41/71/4747070
  Fax: +41/71/4747080
  E-Mail: info@haeberli-beeren.ch

Wildrosen

- Bioland Rosenschule Uckermark
  Lindenstraße 4
  16307 Radekow
  Tel.: 0151/57561141
  E-Mail: kontakt@rosenschule-uckermark.de
  www.rosenschule-uckermark.de

- Rosenschule Ruf
  Zum Sauerbrunnen 35
  61231 Bad Nauheim-Steinfurth
  Tel.: 06032 / 81893
  Fax: 06032 / 82375
  E-Mail: info@rosenschule-ruf.de

Staudengärtnereien und Kräutergärtnereien

- Herbs Bioland Kräutergärtnerei
  Stedinger Weg 16A
  27801 Dötlingen
  Tel.: 04432 / 94003
  Fax: 04432 / 94004
  E-Mail: info@herb-s.de

- ANJA MAUBACH
  Arends Staudengärtnerei –
  Gartenschule – Gartenplanung
  Monschaustraße 76
  42369 Wuppertal
  Tel.: 0202 / 464610
  Fax: 0202 / 464957
  E-Mail: stauden@arends-maubach.de

- Staudengärtnerei Gerhild Diamant
  Mühlenweg 39
  47239 Duisburg Rumeln-Kaldenhausen
  Tel.: 02151 / 419676
  Fax: 02151 / 419676
  E-Mail: gerhild.diamant@freenet.de

- Staudengärtnerei Gräfin von Zeppelin OHG
  Weinstraße 2
  79295 Sulzburg-Laufen / Baden
  Tel.: 07634 / 550390
  Fax: 07634 / 6599
  E-Mail: info@graefin-von-zeppelin.de

- Staudengärtnerei Gaißmayer
  GmbH & Co. KG
  Jungviehweide 3
  89257 Illertissen
  Tel.: 07303 / 7258
  Fax: 07303 / 42181
  E-Mail: info@gaissmayer.de

- AllgäuStauden GbR
  Schmidsfelden 6
  88299 Leutkirch
  Tel.: 07567 / 9887404
  Fax: 07567 / 9887405
  E-Mail: info@allgaeustauden.de

Sämereien

- Uwe Siebers
  Thysanotus-Versand
  Schulweg 21
  28876 Oyten
  Tel.: 04207 / 5708
  Fax: 04207 / 5722
  E-Mail: UweSiebers@t-online.de

- Dreschflegel GbR
  In der Aue 31
  37213 Witzenhausen
  Tel.: 05542/502744
  Fax: 05542/502758
  E-Mail: info@dreschflegel-saatgut.de

- Bruno Nebelung GmbH
  Freckenhorster Str. 32
  48351 Everswinkel
  Tel.: 02582/6700
  Fax: 02582/670270
  E-Mail: info@nebelung.de

- Bingenheimer Saatgut AG
  Kronstr. 24
  61209 Echzell
  Deutschland
  Tel.: 06035/1899-0
  Fax: 06035/189940
  E-Mail: info@bingenheimersaatgut.de

- Freie-Saaten.Org. e.V.
  Luisenstraße 37
  68519 Viernheim
  E-Mail : mail@freie-saaten.org

- Saatgut-Manufaktur
  Daniela Felger
  Hallstattstraße 3
  72116 Mössingen-Belsen
  Tel.: 07473/5020430
  Fax: 07473/5020431
  E-Mail: info@saatgut-manufaktur.de

- Syringa Kräutergärtnerei
  Brigitte Dittrich
  Bachstraße 7 (nur Büroanschrift)
  78247 Hilzingen-Binningen
  Tel.: 07739/1452
  Fax: 07739/677
  E-Mail: info@syringa-pflanzen.de

- Stiftung Kaiserstühler Garten
  Eichstetter Stiftung zur Bewahrung der
  Kulturpflanzenvielfalt in der Region
  Hauptstr. 43
  79356 Eichstetten am Kaiserstuhl
  Tel.: 07663/932313
  Fax: 07663/932331
  E-Mail: kaiserstuehler.garten@gmail.com

Alle Angaben ohne Gewähr!

Die Autorin

Die Gartenbau-Ingenieurin Dorothée Waechter ist als Fachjournalistin für verschiedene Gartenzeitschriften tätig und tritt außerdem im ARD-Morgenmagazin und im Radio als Gartenexpertin auf. Bei Thorbecke erschien von ihr bereits „Zwiebelblumen", „Gärtnern (fast) ohne Gießen" und „Blütentrubel – Gärtnern mit bunten Blumenmischungen".